ONZE JOURS

DE SIÉGE

COMÉDIE

Représentée pour la première fois, à Paris, sur le théâtre du Vaudeville,
le 1er juin 1861.

Lagny. — Typographie de A. Varigault et Cie.

ONZE JOURS

DE SIÉGE

COMÉDIE EN TROIS ACTES

EN PROSE

PAR

MM. JULES VERNE et CHARLES WALLUT

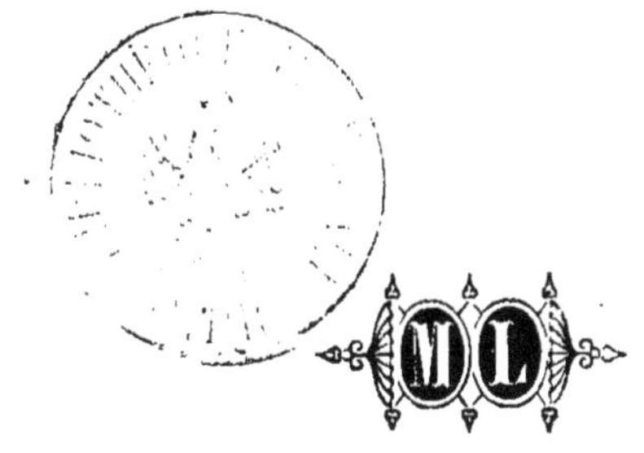

PARIS

MICHEL LÉVY FRÈRES, LIBRAIRES-ÉDITEURS

RUE VIVIENNE, 2 BIS

1861

PERSONNAGES

ROQUEFEUILLE, notaire.............. MM. Félix.
ROBERT MAUBRAY, 30 ans........... Nertann.
MAXIME DUVERNET, son ami, médecin. Munié.
BAPTISTE, domestique............... Riquier.
LAURENCE, femme de Maubray, 22 ans. Mmes Marie Brindeau.
LÉONIE DE VANVRES, son amie, 24 ans. Courtais.
THÉRÈSE, femme de chambre......... Antonia.

La scène se passe de nos jours, à Paris.

Toutes les indications sont prises de la gauche du spectateur. —
Pour la mise en scène, s'adresser à M. Brixbae, souffleur-copiste,
au théâtre.

ONZE JOURS DE SIÉGE

ACTE PREMIER

Un salon chez Robert : au fond, portes à droite et à gauche ; au milieu, une cheminée ; pendule ; vases de fleurs ; bougies allumées ; à gauche, une porte, un guéridon ; au milieu du théâtre, une table, sonnette ; siége de chaque côté ; à droite, une porte, un canapé.

SCÈNE PREMIÈRE.

BAPTISTE, seul.

(Au lever du rideau, Baptiste sort du fond à gauche, et écoute à la porte.)

On les entend d'ici ! (Descendant en scène). Ma foi! m'est avis que quand les maîtres se disputent à table, les domestiques font sagement de s'en aller. (On sonne. Il hausse les épaules et va s'asseoir sur le canapé.) C'est vrai, cela trouble le service ; on ignore si monsieur ou madame parlent sérieusement ou plaisantent, (On resonne.) et l'on ne sait plus qu'elle contenance garder, s'il faut sourire ou prendre son air grave.

SCÈNE II.

BAPTISTE, ROBERT puis LAURENCE.

ROBERT, entrant.
Ah ! c'est ainsi que vous venez lorsqu'on vous appelle?
BAPTISTE.
Monsieur, c'est que...
ROBERT.
C'est bien... Apportez-moi mon pardessus et mon chapeau.
(Laurence entre et congédie du geste Baptiste qui s'incline et sort.)

SCÈNE III.

ROBERT, LAURENCE.

LAURENCE.
Ainsi, vous êtes bien décidé, Robert, à vous rendre à cette soirée de garçons ? (Elle descend à droite.)

ROBERT.

Encore! Ah çà! nous allons recommencer! Ce n'est pas chose convenue?

LAURENCE.

J'espérais, au contraire, que mes observations...

ROBERT.

Mais vos observations sont des enfantillages, ma chère amie; je ne veux pas, en les prenant au sérieux, nous rendre aussi ridicules l'un que l'autre!

LAURENCE.

Ridicules !.. parce que vous m'auriez fait un petit sacrifice?

ROBERT.

Eh! mon Dieu! demandez-moi des choses raisonnables!... Mais, j'en appelle à vous, voyons!... m'empêcher de sortir ce soir, d'aller à ce rendez-vous... une fantaisie pareille! un caprice aussi puéril!

LAURENCE.

J'ai vu le temps où vous n'auriez même pas songé à le discuter.

ROBERT.

Ah! voilà bien mon tort, parbleu! C'est d'avoir fait, dès les premiers jours, une telle abnégation de mon autorité, que, de concession en concession, nous en sommes aujourd'hui, vous, à la tyrannie, et moi, à l'humiliation!

LAURENCE.

Oh!

ROBERT, appuyant.

Oui! à l'humiliation! En vérité, si je vous laissais faire, je ne serais plus un homme, mais un enfant mené à la lisière... Je ne pourrais ni sortir ni rentrer sans consulter votre bon plaisir! Et je n'irais plus voir de bons amis, le soir, qu'à la dérobée, et en me glissant le long des murs, comme un homme qui va commettre un crime!

LAURENCE.

Oh! ce n'est pas un crime!

ROBERT.

Vous êtes bien bonne!

LAURENCE.

Mais c'est une faute!

ROBERT.

Eh bien, ma chère Laurence, le sage pèche sept fois par jour; or, je suis dans les limites de la sagesse, puisque, depuis ce matin, je n'ai encore commis que deux fautes!

LAURENCE.

Vous êtes modeste! Lesquelles?

ROBERT.

La première, c'est de vous avoir parlé de cette partie projetée, au lieu d'imaginer quelque prétexte; la seconde, c'est d'avoir discuté avec vous mon droit d'y aller!... Je me per-

mettrai donc d'en commettre une troisième, qui sera de me
rendre à cette soirée quand l'heure en sera venue.

LAURENCE.

Vous me faites comprendre un peu cruellement que vous
êtes le maître absolu de vos actions.

ROBERT.

Voyons, Laurence, ce n'est pas sérieux, n'est-ce pas? Et
cette méchante querelle a trop duré! Donne-moi ta petite
main, et n'en parlons plus! Je suis vif, je m'emporte... j'ai
tort... mais aussi sois raisonnable... et ne me boude pas
comme un enfant! Tu as assez de confiance en moi pour que
ces idées d'indépendance ne te portent aucun ombrage; je
t'accorde les mêmes droits, parce que j'ai la même confiance.
Et de tout cela il résulte, en y songeant bien, que nous avons
été tout à l'heure aussi fous et aussi maladroits l'un que
l'autre. (Il va pour l'embrasser.)

LAURENCE, se levant.

Parlez pour vous !

ROBERT, un peu piqué.

Soit ! comme vous voudrez ! Baptiste !... (Baptiste entre avec les
objets et sort.)

LAURENCE.

Je croyais que cette petite débauche ne commençait qu'à
neuf heures, et il est à peine...

ROBERT.

Il est l'heure à laquelle s'envolent les maris que l'on veut
garder en cage !

LAURENCE.

Trop d'esprit !

ROBERT.

Esprit de liberté, voilà tout ! J'aurais eu plaisir à vous
tenir encore compagnie, si vous aviez voulu être plus aimable ; mais j'aime mieux vous quitter que de continuer la conversation sur ce ton ; je pars donc, je vais à mon cercle,
parce que mon ami Maxime Duvernet m'y a donné rendez-
vous; mon ami Maxime m'y a donné rendez-vous, parce que
je dois le présenter chez mon autre ami Horace. Je ne sais
quand je reviendrai, parce que j'ignore à quelle heure finira
cette orgie romaine; et maintenant, ma chère Laurence, que
j'ai répondu à mon juge d'instruction, mes parce que ont
l'honneur de tirer la révérence à vos pourquoi! (Il sort par le
fond.)

SCÈNE IV.

LAURENCE.

Non... il s'éloigne!... (Écoutant.) Il est parti !... C'est la première fois qu'il ne revient pas m'embrasser et me demander
pardon. J'ai peut-être été trop sévère aussi? Si je l'appelais?...
Il est trop loin... Et puis, enfin, c'est lui qui a tort, ce n'est
pas moi! Me laisser seule !... une soirée entière ! Oh ! si l'on
m'avait dit cela il y a un an seulement! Et pourtant j'aurais
dû me douter que la troisième année de ménage serait difficile à traverser, les deux autres étaient si douces... cela ne
pouvait pas durer ! (Entendant ouvrir.) Qu'est-ce que c'est ? je n'y
suis pour personne !

SCÈNE V.

LAURENCE, ROQUEFEUILLE.

ROQUEFEUILLE.
Pas même pour votre vieil ami Roquefeuille?
LAURENCE.
Ah! excepté pour lui ! (Elle lui tend la main.)
ROQUEFEUILLE.
Merci de la faveur! Mais permettez à l'élu de protester pour
les réprouvés : une jolie femme n'a pas le droit de fuir ainsi
le monde, et de se dérober à l'admiration de tous. Voici pour
moi! (Il lui tend la main.) Et voici pour les autres! (Il baise l'autre
à plusieurs reprises.)
LAURENCE, retirant sa main.
Eh bien, eh bien ! encore ?
ROQUEFEUILLE, continuant.
Dame! il y a foule!
LÉONIE.
Vous êtes galant, ce soir, mon cher notaire!
ROQUEFEUILLE.
Ah ! voilà un mot qui fait sur moi l'effet de la glace! Ne
m'appelez pas notaire, si vous appréciez quelque peu ma ga-
lanterie. Est-ce que je ressemble à un notaire? Maxime de-
vait me prendre ici, où est-il?
LAURENCE.
Il n'y est pas.

ROQUEFEUILLE.
Et Robert ?
LAURENCE.
Il n'y est plus.

ROQUEFEUILLE.

Oh! oh! comme vous dites cela!

LAURENCE.

Ah! mon cher Roquefeuille, tâchez de me distraire, et soyez gai pour nous deux, car je suis bien triste.

ROQUEFEUILLE.

Est-ce possible? Contez-moi cela bien vite!... Qu'avez-vous?

LAURENCE.

Je n'ai rien... pas même... mon mari!

ROQUEFEUILLE.

Robert le diable?

LAURENCE.

Voilà que vous plaisantez!

ROQUEFEUILLE.

Ah! ah! le cas est grave. Vous me dites: Soyez gai, sans vous informer si c'est mon heure! Je fais tous mes efforts, et vous n'êtes pas contente. Il y a donc quelque chose?

LAURENCE.

Oui.

ROQUEFEUILLE.

Eh bien, confessez-vous! Je sais plus d'une oreille qui serait friande d'entendre ces jolis péchés de femme! Je vous prête la mienne. Avouez que votre mari est sorti à la suite d'une petite discussion.

LAURENCE.

Oui.

ROQUEFEUILLE.

Je m'en doutais. Et cette discussion est venue de ce que vous n'avez jamais bien compris le rôle respectif des époux. Tenez, regardez la première voiture qui passe. Il y a un homme sur le siége et un cheval dans les brancards.

LAURENCE.

C'est leur place!

ROQUEFEUILLE.

D'accord! Mais pourquoi? Le cheval est le plus fort, et, s'il le voulait, il emporterait la voiture et l'homme, et c'est lui qui conduirait. Or l'homme, qui le sait, se garde bien d'irriter le cheval; il le flatte, il le caresse de la voix, de la main, et, grâce à cet accord mutuel, la voiture marche sans accident. Eh bien! chère dame, vous avez trop appuyé sur la bride, et votre mari se sera cabré.

LAURENCE.

Je le crains!

ROQUEFEUILLE.

J'en étais sûr! Robert n'est pas parti.... Il s'est évadé... il a le mors aux dents!

LAURENCE.

Le croyez-vous?

ROQUEFEUILLE.

C'est évident! Ah! qu'un grand moraliste a donc eu raison
de dire : « Le mariage est un combat à outrance, avant lequel
les époux demandent au ciel sa bénédiction ! »

LAURENCE.

Merci, mon cher notaire !

ROQUEFEUILLE.

Encore! Pas de notaire, ou je ne ris plus ! Et ne me rappelez pas une profession que j'ai en horreur!

LAURENCE.

En horreur !

ROQUEFEUILLE.

En horreur ! Le notaire sérieux, officiel, convaincu, zélé,
celui qui rédige, qui fait des actes et qui entasse d'affreux
dossiers dans les cartons de son affreuse étude , celui-là est
une calamité publique! Je le dénonce à la haine de ses con-
citoyens, auxquels il prête son ministère pour tous les désas-
tres de la vie : les hypothèques, les testaments et les mariages !... Le bon, le vrai, le parfait notaire, c'est moi ! Je ne me
prends pas au sérieux, moi!... Jamais !... Qu'un client me
consulte pour l'acquisition d'un immeuble, je lui prouve par
A plus B que la terre est un médiocre placement, où il ré-
coltera moins de blé que de procès, et le client remporte son
argent... Qu'un autre m'appelle pour recevoir son testament,
je lui démontre qu'il s'apprête à faire des ingrats, et il prend
le parti de guérir...Tout profit! Enfin, qu'un troisième me demande de dresser un contrat de mariage, je le conduis chez
l'avoué, mon voisin, qui a la spécialité des séparations, et
de là au café Anglais, où je lui montre les joies du célibat à
travers les fumées du champagne! Et il se marie tout de
même... Mais enfin, il se marie !...

LAURENCE.

Vous devez avoir une jolie clientèle ?

ROQUEFEUILLE.

La plus belle clientèle de Paris. L'honnête homme fait
toujours son chemin.

LAURENCE.

Vous finiriez par me convertir... et si mon contrat était à
refaire...

ROQUEFEUILLE.

Vous jetteriez la plume au feu?

LAURENCE.

Je le signerais des deux mains ! J'aime tant mon pauvre
Robert!

ROQUEFEUILLE.

Il vous aime aussi, parbleu!

LAURENCE.

Sans doute, mais pas comme autrefois.

ROQUEFEUILLE.

Il a raison de varier : « L'ennui naquit un jour de l'uniformité ! »

LAURENCE.

Qu'il y a loin de Paris à Maurice, où nous nous sommes connus, où nous nous sommes aimés !

ROQUEFEUILLE.

Trois mille lieues, si vous consultez Malte-Brun !

LAURENCE.

L'immensité, si je consulte son cœur !

ROQUEFEUILLE.

C'est la loi ! Vous me parlez de Maurice ! Voyez Paul et Virginie. Si Virginie eût épousé Paul, où serait Virginie, ce soir ?... Au coin du feu !... et Paul, au cercle !

LAURENCE.

Encore s'il n'y avait que le cercle ! Mais, après le cercle, Robert et son ami Maxime doivent finir leur nuit dans une réunion de garçons !

ROQUEFEUILLE.

Eh bien, tant mieux !

LAURENCE.

Tant mieux... pour qui ?

ROQUEFEUILLE.

Pour vous ! Votre mari redevient garçon, et vous, vous redevenez demoiselle. A son retour, ce sera un nouveau mariage que vous contracterez tous deux.

LAURENCE.

Mon cher Roquefeuille, je ne tiens pas à me remarier si souvent.

ROQUEFEUILLE.

C'est pourtant ce qu'on a de mieux à faire quand on a commis la maladresse de se marier une première fois.

LAURENCE, riant.

Tenez, vous êtes insupportable !

ROQUEFEUILLE.

Allons donc ! voilà un sourire !

LAURENCE.

Ah ! si vous me donniez le moyen d'empêcher Robert d'aller à cette soirée !

ROQUEFEUILLE.

Obtenez un mandat d'arrêt !

LAURENCE.

Je voudrais quelque chose de moins violent !

ROQUEFEUILLE.

Cherchons !

SCÈNE VI.

Les mêmes, BAPTISTE.

BAPTISTE.

Madame... je demande pardon à madame... madame sait-elle si monsieur rentrera bientôt?

LAURENCE.

Je l'ignore... Pourquoi cette question?

BAPTISTE.

C'est que... c'est un billet très-pressé pour monsieur.

LAURENCE.

Eh bien?

BAPTISTE.

On l'a apporté ce matin; mais, je ne sais comment cela s'est fait...

ROQUEFEUILLE.

Vous l'avez oublié dans votre poche?

BAPTISTE.

Oui, monsieur.

ROQUEFEUILLE.

Quelle race!... Tous les mêmes!

LAURENCE.

Donnez-moi ce billet. (Baptiste sort. — A Roquefeuille.) Cet empressement à sortir... Si c'était un rendez-vous?... Une lettre...

ROQUEFEUILLE.

Allons, du calme! du calme! du calme!

LAURENCE.

Ah! je n'ai pas la force... Tenez, regardez vous-même.

ROQUEFEUILLE, prenant l'enveloppe et l'ouvrant.

Un billet!...

LAURENCE, vivement.

Un billet?

ROQUEFEUILLE.

De garde!

LAURENCE, avec joie.

De garde?

ROQUEFEUILLE.

Et pour cette nuit, encore... Madame, ce n'est pas un tambour, c'est la fortune en bonnet de police qui a apporté ce billet.

LAURENCE.

Que voulez-vous dire?

ROQUEFEUILLE.

Permettez-moi de donner des ordres en votre nom. (Il appelle.) Baptiste! (Baptiste paraît.) Vous allez porter ce billet à monsieur, à son cercle, et vous le remettrez en mains propres.

BAPTISTE.

Monsieur va me recevoir bien mal.

ROQUEFEUILLE.

Ah! c'est votre affaire cela?

LAURENCE.

Allez ! (Baptiste fait quelques pas.)

BAPTISTE, revenant.

Ah ! M. le docteur Duvernet fait demander si M. Roquefeuille est ici.

LAURENCE.

Monsieur Maxime?... Faites entrer! (Baptiste sort.)

LAURENCE.

Mais, mon ami, quel est votre projet ?

ROQUEFEUILLE.

Vous n'avez pas compris, votre mari est en état de réci-
dive; il y va pour lui de la prison. Il ne peut donc se dis-
penser d'obéir, et, ma foi, s'il ne passe pas sa soirée en tête-
à-tête avec sa femme, il ne la passera du moins ni au cercle,
ni dans une soirée de garçons.

LAURENCE.

Ah ! c'est vrai!... Va-t-il être de mauvaise humeur!... Eh
bien, tant mieux, qu'il enrage! (Elle sort à droite.)

ROQUEFEUILLE.

Voilà une scélératesse de femme, par exemple! Et l'on
veut que je me marie?... Oh! non!

SCÈNE VII.

ROQUEFEUILLE, MAXIME.

MAXIME.

Je viens de chez toi!

ROQUEFEUILLE.

Je comptais te trouver ici.

MAXIME.

J'avais hâte de t'annoncer mon bonheur! Elle arrive, mon
ami.

ROQUEFEUILLE.

Elle arrive! Ah bah! Qui *Elle?*

MAXIME.

Mais Léonie!... L'amie de madame Maubray!

ROQUEFEUILLE.

Madame de Vanvres! *Elle!* Léonie! Un prenom! Un nom
de baptême! Mais, qu'est-ce que ces manières-là?

MAXIME.

Eh! quel plus joli mot que celui-là *Elle!* Il dit tout! il
résume tout! *Elle!* c'est-à-dire la beauté, la grâce, l'esprit...

la femme aimée, adorée, vénérée. Elle, la seule, l'unique, la
divine, l'idéal, la perfection!... Elle! elle, enfin!...

ROQUEFEUILLE.

Et lui... le cerveau brûlé!... lui... l'évaporé! lui, l'in-
sensé, le toqué, le fou, lui, lui, enfin!

MAXIME.

Oui, oui, raille-moi!... Je suis heureux, je te le permets!
Je suis jeune, je suis riche, je ne suis ni bossu, ni bancal,
ni tortu! Je suis médecin, estimé, aimé, et je n'ai qu'une
passion au monde : les voyages! Elle semblait me défendre
l'amour, et surtout le mariage : comment espérer qu'une
femme voulût unir son sort à celui d'un être si remuant, si
coureur, si nomade?... Eh bien, non! la fortune, ou plutôt
le ciel m'a fait rencontrer, dans madame de Vanvres, une
veuve plus passionnée que moi pour les déplacements con-
tinuels, une voyageuse effrénée, enragée, endiablée!... Et
cette femme, mon ami, j'ai l'espoir d'obtenir sa main, de la
posséder et de faire le tour du monde avec elle!

ROQUEFEUILLE.

C'est enchanteur!

MAXIME.

Elle arrive! Je puis publier les bans, dresser le contrat,
acheter les gants et commander la corbeille!

ROQUEFEUILLE.

Et comment sais-tu?...

MAXIME.

Ah! par une lettre écrite à madame Maubray, qui me l'a
fait tenir ce matin... et que voilà!...

ROQUEFEUILLE.

Tapissée de timbres de toutes couleurs et de toutes formes,
sale, jaunie de la poussière de toutes les chancelleries! A ta
place, je la passerais au vinaigre; on ne la prendrait qu'avec
des pincettes !

MAXIME.

Lis, lis, âme froide et vulgaire!

ROQUEFEUILLE.

Elle est datée?

MAXIME.

Du mois dernier. Elle s'est égarée en route, en venant de
Séville.

ROQUEFEUILLEE.

Ah bah! Séville! Je croyais que ça n'existait que dans les
romances. (Chantant.)

Connaissez-vous dans Barcelone...

(Se reprenant.) Non !... Et cette lettre?

MAXIME.

Ah! deux lignes seulement; mais deux lignes qui, sans

prononcer mon nom, révèlent pourtant la passion la plus tendre, l'amour le plus vrai !

ROQUEFEUILLE.

Voyons cela. (Il lit.) « En quittant Séville, je me rendrai immédiatement à Paris, en passant par Naples et la Suisse. »

MAXIME.

Ah !

ROQUEFEUILLE.

Ah ! c'est ça la passion la plus tendre, et l'amour le plus vrai? Une feuille de route !

MAXIME.

Quoi ! tu ne trouves pas cela adorable? Revenir à Paris... elle... pour moi ! et revenir directement, encore !...

ROQUEFEUILLE.

Avec un tout petit détour...

MAXIME.

Pour arriver plus vite ! pour me voir plus tôt !

ROQUEFEUILLE.

Ah! vous faites deux jolis fous, tous les deux.

MAXIME.

Non pas, deux comètes; tout bonnement deux comètes : moi, celle de 1828; elle, celle de 1832. Nous décrivons des courbes immenses dans le monde entier, mais parfois nos orbites se croisent, et...

ROQUEFEUILLE.

Ah! bien, non, non !... tu deviens trop léger !

SCÈNE VIII.

Les mêmes, ROBERT.

ROBERT.

C'est jouer de malheur ! Comprend-on rien à ce qui m'arrive?... Bonjour, Maxime! Au moment où je vais partir... Bonjour, Roquefeuille !

MAXIME.

Qu'as-tu donc ?

ROQUEFEUILLE, à part.

Je m'en doute !

ROBERT.

Ce que j'ai?... Je viens de recevoir un billet au cercle !

MAXIME.

Un billet doux?

ROQUEFEUILLE.

Un billet à payer?

ROBERT.

Un billet de garde !

ROQUEFEUILLE.

Ah! diable !

ROBERT.

Et, le pis, c'est que j'ai épuisé l'indulgence des conseils de discipline! Impossible, maintenant, d'aller à cette soirée!

ROQUEFEUILLE, à part.

Allons donc!

MAXIME.

Oh! pour moi, j'y renonce bien volontiers!

ROBERT.

Ce n'est pas que j'y tienne plus que de raison; car la perspective d'une nuit passée côte à côte avec mon bottier et mon tailleur, n'a rien de vraiment réjouissant.

ROQUEFEUILLE.

C'est même dur, un lit de camp!

ROBERT.

Que le diable les emporte! Je n'irai pas!

ROQUEFEUILLE.

Et la prison?

ROBERT.

C'est vrai, la prison! Ah! si je le tenais, ce tambour!

ROQUEFEUILLE.

Tu battrais le tambour?

ROBERT.

Et, ce qui est plus irritant encore, c'est que, pour cette maudite soirée à laquelle je ne puis plus aller, je me suis presque fâché avec ma femme!

MAXIME.

Comment! tu en es déjà aux discussions avec madame Maubray?

ROQUEFEUILLE.

S'il en est là, parbleu! Où veux-tu qu'il en soit? Vous vous mariez, voilà ce que c'est! De grands enfants qui ne se jetteraient pas à l'eau sans savoir nager, et qui se précipitent tête baissée dans le gouffre du mariage! Vous étudiez dix ans pour être ingénieur des ponts et chaussées, médecin ou pianiste, et vous voulez deviner, sans l'apprendre, cet art bien autrement difficile... être heureux en ménage!... heureux en ménage!

MAXIME.

Toujours la même note!

ROQUEFEUILLE.

Mais, ignorants! Ânes bâtés que vous êtes!... savez-vous qu'un physiologiste allemand a publié un ouvrage rien que sur les devoirs conjugaux, et qu'il a douze volumes?

MAXIME.

Un vrai dictionnaire!

ROQUEFEUILLE.

Oui, un dictionnaire depuis A, amour! jusqu'à Z, zéro! Tout le mariage est là!

ROBERT.

Voyons, je suis marié, n'est-il pas vrai? Ce n'est donc pas la qualité de mari qui m'inquiète ce soir, c'est la qualité de citoyen.

MAXIME.

Attends donc, je fais une réflexion!

ROBERT.

Laquelle?

MAXIME.

Ah çà! comment es-tu de la garde nationale, toi?

ROBERT.

C'est là ce que tu appelles une réflexion?

MAXIME.

Tu t'es donc fait naturaliser Français, depuis ton mariage?

ROBERT.

A quoi bon? Où veux-tu en venir?

MAXIME.

A ceci : les Français seuls sont admis à l'honneur de figurer dans cette institution : or Robert n'est pas Français; donc il n'est pas de la garde nationale.

ROBERT.

Tu me ferais grand plaisir de me prouver ce paradoxe, par exemple; j'ai été élevé à Maurice, c'est vrai, mais je suis né à Paris, faubourg Saint-Germain; mon père et ma mère étaient Français.

ROQUEFEUILLE.

En effet! La cause me semble jugée. Tu es Français, mon cher, va monter ta garde!

MAXIME.

Un instant!

ROQUEFEUILLE.

Esculape demande la parole.

MAXIME.

Ce que Robert a dit est parfaitement exact; mais ce qu'il ne dit pas, c'est que, s'il est né à Paris, faubourg Saint-Germain, s'il avait une mère Française, il avait un père parfaitement Anglais, un Anglais pur sang.

ROBERT.

D'accord! Mais mon père s'est fait naturaliser Français.

ROQUEFEUILLE.

Un instant! Ceci devient sérieux. Est-ce avant ou après ta naissance que ton père s'est fait naturaliser.

MAXIME.

C'est après.

ROBERT.

C'est possible; un an ou deux, peut-être! Je crois me rappeler que ce fut dans l'année qui précéda notre départ pour Maurice.

ROQUEFEUILLE.

Alors, mon cher, ne va pas monter ta garde, tu n'es pas
Français !

ROBERT.

Quelle plaisanterie! Suis-je Parisien ?

ROQUEFEUILLE.

Tu es Parisien, parce que tu es né à Paris, c'est évident;
mais tu es Anglais, parce que ton père était Anglais au moment de ta naissance. Tu es un Anglais-Parisien, voilà tout,
ou un Parisien-Anglais, comme tu voudras, cela m'est égal !

MAXIME.

Tu vois, tu consultes la loi, et la loi te répond !

ROBERT.

Cependant...

ROQUEFEUILLE.

Ah! je te comprends! Il te semble étrange qu'un moutard
de deux ans ait une personnalité aussi définie; mais le père
qui a le droit de lui donner le fouet, n'a pas le droit de lui
donner sa nationalité... Voilà !

ROBERT.

Tiens, tiens! Cela me fait un drôle d'effet!... je suis Anglais... me voilà Anglais !

ROQUEFEUILLE.

Perfecty well! sir !

ROBERT.

Cela ne me change pas.

MAXIME.

Fais voir?

ROQUEFEUILLE.

Fais voir? Tu as absolument la même tête ; seulement, tu
ne seras plus électeur en France, ni juré, ni garde national.

MAXIME, appuyant.

Ni garde national !

ROBERT.

Je ne suis plus garde national ! je ne monte plus ma garde !
Vive John Bull ! Un grognement pour John Bull !

ROQUEFEUILLE.

Je connais pas ton John Bull.

ROBERT.

Ça ne fait rien... Hourra ! hourra ! (Tous trois crient.)

MAXIME.

Stope! stope!

ROQUEFEUILLE.

Ah! mari, va ! si tu n'es pas Français, tu es bien digne de
l'être !

ROBERT, apercevant Laurence.

Ma femme! Tiens, au fait, maintenant que je suis Anglais...
Est-ce qu'elle est Anglaise, elle ?

ROQUEFEUILLE.

Chut!

SCÈNE IX.

LES MÊMES, LAURENCE.

MAXIME.

Ah! madame, nous avons une chose curieuse à vous apprendre.

ROBERT, bas à Maxime.

Eh bien, ne vas-tu pas... Et ma soirée ?

MAXIME.

Sois tranquille, je m'arrêterai à temps.

LAURENCE.

Et moi une grande nouvelle à vous annoncer.

ROBERT.

Je doute que la vôtre vaille la nôtre.

LAURENCE.

Vous allez en juger.

ROQUEFEUILLE.

Devinez ce qu'est votre mari ?

LAURENCE.

C'est?...

ROBERT, bas, à Laurence.

Le plus repentant des hommes.

LAURENCE.

Le plus sûr de son pardon.

MAXIME.

Mais non, mais non !

LAURENCE.

Mais si !

MAXIME.

Je veux dire que Robert s'est trompé de nationalité, qu'il est Anglais. Vous avez épousé un Anglais !

LAURENCE.

Ah ! un Anglais ! Quelle folie!

MAXIME.

Que pensez-vous de ma nouvelle?

LAURENCE.

Et vous, de la mienne : Léonie est en France !

MAXIME.

Serait-il vrai ?

LAURENCE.

Mieux encore ! elle est ici, et... (Léonie paraît.) la voici !

SCÈNE X.

LES MÊMES, LÉONIE.

MAXIME ET ROBERT.
Madame de Vanvres!
ROQUEFEUILLE.
Elle, comme dit l'ami Maxime.
LÉONIE.
Moi-même. (A Robert.) Mon cher Maubray!... mon cher Roquefeuille!...
ROQUEFEUILLE.
Ah! par exemple, voilà une aimable surprise !
ROBERT.
Soyez la bienvenue, madame.
LÉONIE.
J'arrive de Genève à l'instant, et, vous le voyez, ma première visite est pour ma meilleure amie.
LAURENCE, l'embrassant.
Et tes meilleurs amis t'en remercient!
MAXIME.
Pas un mot pour moi, madame?
LÉONIE.
Monsieur Maxime, mon intrépide voyageur !
MAXIME.
Vous ne vous attendiez pas à me revoir ?
LÉONIE.
Mais non, je vous assure; et même...
MAXIME.
Quoi ! ces mots que vous avez daigné prononcer un jour?... cette promesse de mariage ?..
LÉONIE.
Me marier, quand je suis libre, indépendante? Oh ! non, non !...
ROQUEFEUILLE, à Maxime.
Qu'est-ce que tu me contais donc, toi, avec ton tour du monde ?
MAXIME.
Mais, j'ai cru...
ROQUEFEUILLE.
Une veuve ! Chatte... chatte échaudée !
LÉONIE.
Comment ! il vous a conté... Ah! ah ! ah !... Figurez-vous que la première fois que le hasard nous mit en présence, c'était à Lisbonne. Nous nous reconnaissons pour des compatriotes, et, loin de France, un compatriote, c'est un peu la

patrie, et puis, aux premiers mots échangés, nous nous trouvons soudain en pays de connaissance; nous causons de toi, de ton mari, du notaire, de Roquefeuille, dis-je... Le lendemain...

ROBERT.

Le lendemain...

LÉONIE.

Nous nous serrons la main comme de vieux amis, puis la vapeur emporte M. Duvernet à Rotterdam, et je fais voile pour Alger.

ROQUEFEUILLE.

Et c'est tout? Un roman qui s'arrête au premier chapitre !

MAXIME.

Mais non, ce n'est pas tout !... Un an après, nouvelle rencontre sur le Vésuve !

ROQUEFEUILLE.

Diable !

MAXIME.

Cette fois, j'exprime à madame toute l'ardeur des sentiments que sa vue a fait naître en moi. Je lui parle amour, passion, feux et flammes... Elle me répond...

ROQUEFEUILLE.

Volcan !

MAXIME.

Et le lendemain, nouveau départ, nouvelle séparation !...

LÉONIE.

Oui, mais au lieu de prendre la main que je lui tends en camarade, n'a-t-il pas l'audace de me la demander ?

LAURENCE.

Et tu lui réponds?...

MAXIME.

Oh ! une chose inouïe, étrange, incroyable ! Madame répond qu'elle n'a pas le temps; mais que si le hasard nous réunit seulement onze jours à Paris, elle me donnera le droit de courir le monde avec elle.

TOUS.

Onze jours!

MAXIME.

L'avez-vous dit ?

LÉONIE.

Assurément !... Ne savez-vous pas qu'il faut onze jours pour se marier?

ROQUEFEUILLE.

Le fait est que si les hommes étaient sages, il faudrait onze ans!

MAXIME.

Eh bien, nous y sommes, à Paris, et...

LÉONIE.

Oui, mais je pars demain.

MAXIME.

Demain! (Baptiste apporte un plateau sur lequel se trouve le thé, le pose sur la table et sort.)

LAURENCE, à part.

Nous verrons cela.

LÉONIE.

Ma place est retenue au Havre, sur *le Panama,* en charge pour Maurice.

TOUS.

Maurice!

MAXIME.

Et vous croyez que je vous laisserai partir? Non, madame; dussé-je, en ma qualité de médecin, empoisonner le second et le capitaine du *Panama*, il ne partira pas!

LÉONIE.

De la violence!

ROQUEFEUILLE.

Oui, madame; il est décidé à faire mettre l'embargo sur tous les bâtiments qui voudraient quitter la France avant onze jours! comme le duc de Buckingham!

MAXIME.

Et je partirai avec vous! bon gré! mal gré!

ROQUEFEUILLE.

Il est dans son rôle! un rôle absurde, mais il est dedans!

LÉONIE.

Pour ne pas vous répondre, j'accepterai une tasse de thé.

LAURENCE.

Voici, ma chère Léonie.

MAXIME.

Car enfin vos promesses... Voulez-vous du sucre?

LÉONIE.

Merci!

ROBERT, à Roquefeuille, prenant son thé.

Épousera!

ROQUEFEUILLE.

Épousera pas!

MAXIME.

Vos promesses?

LÉONIE.

Oui, donnez-moi du lait.

ROBERT, riant.

Épousera!

ROQUEFEUILLE.

Épousera pas!

LÉONIE.

Ah! pendant que j'y pense, mon cher Maubray, j'ai un service à vous demander, une lettre de recommandation! Vous connaissez probablement notre consul de France à Maurice?

ROBERT.

Parfaitement ! monsieur de La Salle.

LÉONIE.

C'est bien cela !

ROBERT.

Si je le connais ! C'est lui qui nous a mariés.

ROQUEFEUILLE, avalant de travers.

Hein ?

ROBERT.

Eh bien, qu'est-ce qu'il y a ?

MAXIME.

Une malice rentrée.

ROQUEFEUILLE.

C'est le consul de France qui vous a mariés?

ROBERT.

Oui. Qu'est-ce que cela te fait?

ROQUEFEUILLE.

A moi? Oh! rien! moins que rien!

LÉONIE.

Qu'a t-il donc?

LAURENCE.

Il ne peut entendre parler de mariage sans avaler de travers.

LÉONIE.

Et maintenant, voulez-vous permettre un peu de repos à une voyageuse qui n'a pas fermé l'œil de la nuit?

LAURENCE.

Mais il n'est pas tard! Onze heures!

ROBERT.

Onze heures!... et l'honneur qui m'appelle sous les drapeaux ! Allons revêtir mon uniforme, et veiller au salut de l'empire.

MAXIME.

Me permettez-vous, madame, de vous offrir mon bras jusqu'à votre voiture?

LÉONIE.

Du moment où ce n'est que le bras, j'accepte. (A Laurence.) Au revoir ! (Elle l'embrasse.)

LAURENCE.

Au revoir ! A demain, n'est-ce pas ?

LÉONIE.

A demain... Eh! mais, Roquefeuille est devenu muet. Méfiez-vous! il y a quelque anguille sous roche.

ROQUEFEUILLE, préoccupé.

Moi, je...

LÉONIE.

Nous ne vous demandons pas vos secrets. Adieu! (Elle lui tend la main. Roquefeuille, d'un air distrait, lui donne sa tasse et s'aperçoit

de sa méprise. Il se confond en excuses; Léonie, en riant, remonte près de
Maxime.)

MAXIME, bas à Robert.

Décidément, je ne vais pas chez Horace. (Il sort avec Léonie.)

ROBERT.

Bonsoir, Roquefeuille ! (Il parle à sa femme.) Ma chère Laurence, que je vais donc m'ennuyer loin de toi !... (Il l'embrasse ;
Laurence le conduit près de la porte. — Roquefeuille, qui avait fait quelques
pas, profite du moment où Laurence accompagne Robert, qui rentre chez lui,
pour revenir et déposer sa canne sur le canapé, et sort en marchant sur la
pointe des pieds.)

SCÈNE XI.

LÉONIE, seule.

Si mon mari s'ennuie au corps de garde, il y aura du moins
sympathie entre nous.

SCÈNE XII.

LAURENCE, ROQUEFEUILLE.

ROQUEFEUILLE, entrant du fond.

Mais qu'est-ce que j'ai donc fait de ma canne?

LAURENCE, lui montrant la canne.

La voilà!

ROQUEFEUILLE, à demi-voix.

Je le sais bien !

LAURENCE.

Comment ?

ROQUEFEUILLE.

Chut ! (Il écoute.) On n'imagine pas les services que celle
canne m'a déjà rendus dans des circonstances analogues.

LAURENCE.

Ah çà!... expliquez-moi...

ROQUEFEUILLE.

Oui, je vais vous expliquer le fait le plus singulier, le plus
incroyable, le plus incompréhensible... le plus...

LAURENCE.

Vite, au fait! M. de Sévigné!...

ROQUEFEUILLE

Il faut d'abord m'assurer que je ne me trompe pas moi-
même. Permettez-moi donc quelques questions. Nous sommes
seuls ?

LAURENCE.

Absolument seuls ! Parlez vite... Vous commencez à me faire peur !

ROQUEFEUILLE.

Vous savez ce que M. Duvernet vous a dit de la nationalité de votre mari?... de Robert, veux-je dire?

LAURENCE.

Pourquoi vous reprendre? Robert et mon mari ne font qu'un !

ROQUEFEUILLE.

Un notaire... (permettez-moi de redevenir notaire pour un instant) est tenu à la plus grande rigueur dans le choix de ses termes. Donc, je le répète, avez-vous ici l'acte de naissance de Robert?

LAURENCE.

Il doit être dans le secrétaire de sa chambre.

ROQUEFEUILLE.

Alors, veuillez me l'aller chercher.

LAURENCE.

Mais, encore une fois...

ROQUEFEUILLE.

Faites, je vous prie, ma chère dame, ce que je vous demande; je répondrai ensuite à toutes vos questions... Ah ! veuillez m'apporter votre acte de mariage. (Laurence sort.) D'honneur! ce serait bien drôle. Mais c'est impossible; si Robert est un ignorant, le consul doit connaître la loi.

LAURENCE, revenant avec une liasse de papiers.

Voici ce que j'ai trouvé.

ROQUEFEUILLE.

Merci! (Feuilletant.) L'acte de naissance et l'acte de naturalisation. Maxime a dit vrai! Robert avait deux ans quand son père s'est fait naturaliser Français. Donc, Robert est Anglais. L'acte de mariage! Il est bien passé devant le consul français de Maurice... Mais comment le consul n'a-t-il pas exigé la production de l'acte de naissance? Ah ! voici ! Robert se donne la qualité de Français, et l'acte de naissance, étant en France, est remplacé par un acte de notoriété... (A part.) Je comprends maintenant!

LAURENCE.

Eh bien ! aurai-je le mot de l'énigme?

ROQUEFEUILLE.

Le mot !... Vous me promettez que vous n'allez pas crier ?

LAURENCE.

Mais non, mon Dieu !...

ROQUEFEUILLE.

Et que vous n'allez pas vous évanouir?

LAURENCE.

Ah! vous m'impatientez... Parlez vite; je le veux!

ROQUEFEUILLE.

Eh bien, mademoiselle...

LAURENCE.

Mademoiselle !

ROQUEFEUILLE.

Vous n'êtes pas mariée.

LAURENCE.

Je ne suis pas mariée !

ROQUEFEUILLE.

Car votre mariage est radicalement nul. Article 170.

LAURENCE.

Nul !...

ROQUEFEUILLE, lui fermant la bouche.

Chut ! vous m'avez promis de ne pas crier !

LAURENCE, chancelant.

Ah ! mon Dieu !

ROQUEFEUILLE.

Vous m'avez promis de ne pas vous évanouir !

LAURENCE.

Ce n'est pas possible ! Vous vous jouez de moi ! c'est une plaisanterie indigne !

ROQUEFEUILLE.

Je ne plaisante jamais après minuit.

LAURENCE.

Mais ne me dites donc pas cela ! Je suis une folle de vous avoir cru un seul instant... Vous tenez entre les mains les preuves mêmes de mon mariage.

ROQUEFEUILLE.

C'est précisément parce que j'ai ces preuves en main, que je vous répète : « Vous n'êtes pas mariée. »

LAURENCE.

Ah ! pour le coup !...

ROQUEFEUILLE.

L'officier public était incompétent. C'est comme si vous étiez mariée devant un garde champêtre ! .

LAURENCE, perdant la tête.

Mais c'est horrible cela !... Mais ce n'est pas de ma faute !... Mais c'est affreux !... Mais, comment cela a-t-il pu se faire ?

ROQUEFEUILLE.

Eh ! mon Dieu ! bien simplement !... Robert s'est cru Français, et il ne l'était pas !

LAURENCE.

Oh ! mon Dieu, mon Dieu ! Mais qu'est-ce que je vais devenir, alors ?... Mais je ne suis pas la femme de Robert, je ne suis que sa...

ROQUEFEUILLE.

Allons ! courage, calmez-vous, nous aviserons à réparer cela ! Vous avez heureusement la nuit entière pour réfléchir.

LAURENCE.

Oui, vous avez raison ; je vais... (On entend la voix de Robert.)

ROQUEFEUILLE.

Hein !

LAURENCE, effrayée.

La voix de Robert !

ROQUEFEUILLE.

Déjà !... Remettez-vous, et recevez-le !

LAURENCE.

Oh! non.

ROQUEFEUILLE.

Comment ?

LAURENCE.

Lui parler maintenant ! Mais est-ce que je puis ?

ROQUEFEUILLE.

Mais, pourtant...

LAURENCE.

Non, je ne veux pas le voir ! Je n'ai plus la tête à moi ! je ne saurais que lui dire ! il devinerait tout !... Oh! mais non, je ne veux pas le voir !

ROQUEFEUILLE.

Mais un mari...

LAURENCE.

Mais est-ce qu'il est mon mari, maintenant? Et, pensez donc... Ah! mais non ! (Elle se sauve à droite.)

ROQUEFEUILLE, ahuri.

Ah! c'est juste !

SCÈNE XIII.

ROQUEFEUILLE, ROBERT.

ROBERT, au dehors.

C'est bien, c'est bien! vous pouvez aller vous coucher... (Entrant.) Tiens! tu es encore là, toi?

ROQUEFEUILLE.

Eh! sapristi ! oui... Voilà une demi-heure que je cherche ma canne... Où diable ai-je fourré ma canne ?

ROBERT.

Mais, la voilà !

ROQUEFEUILLE.

Tiens! c'est vrai, la voilà !... Merci ! bonsoir !

ROBERT.

Écoute donc!

ROQUEFEUILLE.

Ah ! oui, j'ai bien le temps !

ROBERT.

Deux mots !

ROQUEFEUILLE.

Ta, ta, un rendez-vous. On m'attend, un rendez-vous d'a-
mour !

ROBERT.

Mais...

ROQUEFEUILLE.

Et, tu comprends, je tenais à ma canne; un rendez-vous
d'amour, on ne sait pas ce qui peut arriver; je tenais à ma
canne. (Roquefeuille va prendre son chapeau sur la cheminée.)

ROBERT.

C'est mon chapeau !

ROQUEFEUILLE.

Ah ! (Il le repose et prend le sien.)

ROBERT.

Et ta canne?

ROQUEFEUILLE.

Je sais où elle est, ça me suffit. Bonne nuit, et toi aussi !...
Merci !... Ouf ! (Il se sauve.)

SCÈNE XIV.

ROBERT.

Est-ce qu'il est fou? Pas tant que moi, toujours ! Que nous
sommes absurdes ! Je fais un mensonge à ma femme, je la
trompe pour une heure de liberté, et je ne suis pas plus tôt
chez Horace que l'ennui me prend à la gorge et m'étouffe.
C'est vraiment stupide, ces soirées de garçons, et je ne comprends pas comment j'ai pu... Mais le repentir a suivi de
près la faute, et je viens tout avouer. Laurence doit être dans
sa chambre, et je... (Il va pour ouvrir la porte; elle est fermée; il
frappe, pas de réponse; étonné.) Ah ! fermée !

ACTE DEUXIÈME

Même décor.

—

SCÈNE PREMIÈRE

LAURENCE, ROQUEFEUILLE.

LAURENCE.

Ainsi, même si j'avais eu des enfants, le mariage était nul ?

ROQUEFEUILLE.

A coup sûr, leur présence n'y eût rien fait ; seulement, la loi, qui est sévère sans être injuste, leur eût reconnu les droits d'enfants légitimes.

LAURENCE.

C'est cependant le mariage qui fait les enfants légitimes !

ROQUEFEUILLE, riant.

Oui, plus souvent que le mari !

LAURENCE.

Et il n'y avait pas mariage?

ROQUEFEUILLE.

Pardonnez-moi; il y avait, mais il n'y a plus mariage.

LAURENCE.

C'est vrai, vous m'avez expliqué... la bonne foi !... Savez-vous, mon pauvre Roquefeuille, que si vous ne m'aviez rien dit il y a huit jours, je serais encore mariée ?..

ROQUEFEUILLE.

D'idée, oui ; mais de fait, non ! Et eussiez-vous préféré que Robert fît avant vous l'horrible découverte ?

LAURENCE.

Oh ! non !

ROQUEFEUILLE.

Et qu'à la première discussion un peu vive?...

LAURENCE, se récriant.

Oh !

ROQUEFEUILLE.

Eh ! mon Dieu ! il faut tout prévoir et tout craindre dans cette vie! Et prévenus à temps, armés en guerre, avec l'avantage énorme de l'offensive, il ne tient plus qu'à nous d'écarter le péril avant même qu'on le soupçonne !

LAURENCE.

C'est vrai! Vous êtes un véritable ami, mon cher Roquefeuille ! Vous n'avez pas besoin d'autres papiers que ceux que je vous ai remis ?

ROQUEFEUILLE.

Non!

LAURENCE.

Les publications ?...

ROQUEFEUILLE.

Sont faites.

LAURENCE.

Vous n'avez pas d'autres recommandations à?...

ROQUEFEUILLE.

Vous avez supprimé les journaux ?

LAURENCE.

Oui, mais sans trop savoir pourquoi.

ROQUEFEUILLE.

J'ai mes raisons; la presse est si indiscrète. Avez-vous vu
hier l'homme de la mairie?

LAURENCE.

Non !

ROQUEFEUILLE.

Ah! Ainsi, personne ne se doute de rien ?

LAURENCE.

Si, j'ai cru devoir tout écrire à Léonie.

ROQUEFEUILLE.

Tant pis !

LAURENCE.

Je suis sûre de sa discrétion.

ROQUEFEUILLE.

J'en serais encore bien plus sûr si elle ne savait rien.

LAURENCE.

C'était forcé, mon ami ! (Embarrassée.) J'avais des motifs, des
raisons que je ne saurais vous expliquer.

ROQUEFEUILLE.

C'est différent!

LAURENCE.

Chut ! c'est elle !

SCÈNE II.

Les mêmes, LÉONIE.

LÉONIE, embrassant Laurence.

Ah! ma chère Laurence, ma pauvre amie !

LAURENCE.

Ah! ma pauvre Léonie !

LÉONIE.

Comment! Je quitte hier une femme mariée, et je retrouve
une jeune fille!

ROQUEFEUILLE.

Une veuve, madame!... une déplorable veuve !

LÉONIE.

N'est-ce pas une mystification de cet affreux notaire ? Il est capable de tout.

LAURENCE.

Hélas ! non !

LÉONIE.

Et voilà huit grands jours que cela dure ?

LAURENCE.

Huit jours !

LÉONIE.

Et ton mari ne sait rien?

LAURENCE.

Rien.

LÉONIE.

Pourquoi ne lui avoir pas tout avoué?

ROQUEFEUILLE.

Je l'avais conseillé... mais...

LAURENCE.

Je n'ai pas osé.

LÉONIE.

Pourquoi?

LAURENCE.

Le soir où Roquefeuille m'apprit le fatal secret, Robert devait passer la nuit dehors. Je comptais donc avoir quelques heures pour réfléchir à mon étrange position et aux nouveaux devoirs qu'elle m'imposait, quand j'entendis la voix de mon mari; ma première, ma seule idée alors fut de me précipiter dans ma chambre et de m'y barricader.

LÉONIE.

Ah !

ROQUEFEUILLE, à part.

Et dire que Robert n'a pas enfoncé la porte !... Maladroit ! la violence avec sa femme, c'eût été délicieux !

LAURENCE.

Mon Dieu! après avoir frappé plusieurs fois, voyant que je ne répondais pas, il prit le parti de se retirer. Pour moi, je ne fermai pas l'œil de la nuit ; les idées les plus folles se succédèrent dans ma tête, et je n'avais pu encore voir clair dans ce chaos lorsque le jour vint. Je me levai ne sachant quel parti prendre, confiant presque ma destinée au hasard ou à l'inspiration du moment. Je rencontrai Robert, et déjà mon secret montait à mes lèvres, quand son air froid et sévère l'arrêta. M'avait-il gardé rancune de mes torts de la veille? m'en voulait-il de ma porte fermée à son retour? Je ne sais; mais en le trouvant si froid, si sévère... je demeurai tremblante, mon cœur se serra... je ne vis que dangers à parler ! Je gardai mon secret, et, depuis ce moment, chaque jour augmente mon embarras et diminue mon courage !

LÉONIE.

Mais que crains-tu?

LAURENCE.

Que sais-je? Tu connais mon mari : il n'est ni meilleur ni plus mauvais qu'un autre, bien qu'il ait des idées un peu créoles sur les choses de ce monde... Mais, dites à la plupart des maris, après trois ans de mariage : Vous êtes libres!

ROQUEFEUILLE.

Ah! quelle course! Quel sauve-qui-peut!

LÉONIE.

Monsieur exagère. Beaucoup reprendraient le chemin de la mairie.

ROQUEFEUILLE.

Oui... avec d'autres femmes!...

LAURENCE, à Léonie.

Tu vois comme il est rassurant! Et il a peut-être raison, ma chère. Robert m'aime, je le crois... il est homme d'honneur, j'en suis sûre; mais, après trois ans, le mariage n'est-il pas comme un arbre qui a donné toutes ses fleurs, tous ses fruits... et que l'on voit tomber sans regrets? Pourquoi risquer tout mon bonheur sur un mot?

LÉONIE.

Mais ce silence ne peut toujours durer. Quelle sera la fin de cette comédie?

ROQUEFEUILLE.

La fin de toutes les comédies, un mariage!

LAURENCE.

Voici ce que Roquefeuille m'a conseillé... Taire mon secret pendant onze jours.

LÉONIE.

Onze jours!... Le temps nécessaire...

ROQUEFEUILLE.

Aux publications, oui... et, pendant ce temps, me laisser faire les démarches, fournir les papiers, afficher les bans, etc. Le maire de notre arrondissement est mon ami, ce qui simplifie bien les choses.

LÉONIE.

Et le onzième jour?...

ROQUEFEUILLE.

Le onzième jour, conduire Robert à la mairie, sous un prétexte quelconque, toujours sans lui rien dire, et là... brusquement, lui apprendre la vérité.

LÉONIE.

Comme cela, tout à coup?

ROQUEFEUILLE.

Vlan!

LÉONIE.

Quel avantage?

ROQUEFEUILLE.

Immense ! C'est de ne pas lui laisser le temps de réfléchir.

LÉONIE.

Mais, c'est...

ROQUEFEUILLE.

C'est un guet-apens, je le sais bien ; mais il n'y a que ce
moyen-là ! Car, si on lui laisse onze jours de réflexion... Oh !

LÉONIE.

Quel monstre que ce notaire !

ROQUEFEUILLE.

Oui, mais quel notaire que ce monstre !

LAURENCE.

Bref ! tout est convenu de la sorte, et je ne regrette qu'une
seule chose, c'est de n'avoir pas une mère, une sœur, chez
laquelle je puisse me retirer pendant ce temps, sous le premier prétexte venu.

LÉONIE.

Pourquoi ? N'es-tu pas bien ici ?

ROQUEFEUILLE.

Oui !... Ce scrupule de jeune fille me semble un peu tardif !

LAURENCE.

Cela ne vous regarde pas, mon cher Roquefeuille, ce sont
des secrets de femme que vos oreilles ne peuvent entendre...
et, si vous étiez bien aimable...

ROQUEFEUILLE.

Très-bien ! Serviteur, Roquefeuille !

LAURENCE.

Oh ! mon ami !

ROQUEFEUILLE.

Bon ! bon ! J'entre chez Robert.

LAURENCE.

Merci !

ROQUEFEUILLE.

Vous pouvez causer sans crainte. Vous savez, je n'oublie
pas ma canne. (Il sort.)

SCÈNE III.

LAURENCE, LÉONIE, puis BAPTISTE.

LÉONIE.

Eh bien, que voulais-tu dire ?

LAURENCE.

Vois l'étrange position qui m'est faite : depuis que je sais
la nullité de mon mariage, je ne suis plus de bonne foi, et
je n'ai plus le droit de me considérer comme mariée...

LÉONIE.

Eh bien ?

LAURENCE.

Tandis que mon mari, à qui l'ignorance assure la bonne
foi, se croit toujours...

LÉONIE.

Comment, tu pousses le sérieux jusqu'à...

LAURENCE.

Mais enfin, pense donc, je ne suis pas mariée!... et je ne
sais pas ce qu'une autre femme ferait à ma place; pour moi,
au risque de te paraître bien ridicule, je t'avoue qu'un scrupule... bizarre peut-être... une délicatesse exagérée c'est possible... mais enfin... Non !... non !... non !...

LÉONIE.

Et que dit ton mari?

LAURENCE.

Il ne dit rien.

LÉONIE.

Il est donc fâché tout de bon?

LAURENCE.

Je l'ai cru le premier jour, je te l'ai dit; mais, le soir
même, sa mauvaise humeur avait disparu, et si bien disparu, que ma situation est devenue très-difficile...

LÉONIE.

Comment ! depuis huit jours... tu te retires chaque soir
dans tes retranchements?

LAURENCE.

Oui.

LÉONIE.

Et M. Maubray dans son camp?

LAURENCE.

Oui.

LÉONIE.

Et, passé le couvre-feu, toute communication est inter-
rompue entre les deux places?

LAURENCE.

Oui.

LÉONIE.

Ah! mais, ah! mais, voilà une situation délicate!

LAURENCE.

D'autant plus délicate que, pendant le jour, je me fais aussi
douce, aussi aimable, aussi prévenante que possible!

LÉONIE.

Tu sors de tes retranchements?

LAURENCE.

Et le soir...

LÉONIE.

Tu rentres dans tes lignes?

LAURENCE.

Tu l'as dit.

LÉONIE.

Et l'assiégeant?

LAURENCE, baissant les yeux.

Ah!... il est parfois de fort mauvaise humeur!

LÉONIE.

Dame! il est dans son droit!

LAURENCE.

Mais voilà justement ce qui me fait peur; et c'est précisément pour cela que j'ai besoin de ton aide!

LÉONIE.

Parle! (Baptiste entre, des journaux à la main.)

LAURENCE.

Que voulez-vous?

BAPTISTE.

Ce sont les journaux que je porte à monsieur.

LAURENCE.

Mettez-les là!

BAPTISTE.

Mais, madame, monsieur a l'habitude...

LAURENCE.

C'est bien, vous dis-je; mettez-les là! (Baptiste sort.)

LÉONIE.

Que prétends-tu faire de ces journaux?

LAURENCE.

C'est Roquefeuille qui m'a recommandé de les supprimer
avec le plus grand soin.

LÉONIE.

Et pourquoi?

LAURENCE.

Je ne sais.

LÉONIE.

Ah! les publications, sans doute... (Elle prend un journal ; Laurence va porter les autres journaux dans un petit meuble placé à droite.)

LAURENCE.

Tu as raison.

LÉONIE.

Voyons! (Lisant.) *Premier Paris. — Faits divers.* Ce n'est pas
cela. Ah! *Publications de mariages :* « Entre M. Lenormand,
5, rue Coquillière, et mademoiselle Danjou, même maison.
M. de Valois, rue Royale, et mademoiselle Laurent, même
maison. »

LAURENCE.

Pourquoi donc toujours : même maison?

LÉONIE.

On n'a jamais pu savoir... Ah! voici !

LAURENCE.

Poursuis !

LÉONIE.

« M. Robert Maubray, 8, rue de Londres, et mademoiselle Laurence de Croix. » (Léonie lui donne le journal.)

LAURENCE, lisant.

Même maison !

LÉONIE.

Comprends-tu, maintenant?

LAURENCE.

Ah! oui... Prends garde! mon mari! (Elle cache le journal.)

SCÈNE IV.

Les mêmes, ROBERT.

ROBERT, à part.

Avec quelqu'un! toujours!...(Haut.) Madame!...

LÉONIE.

Mon cher Maubray!

ROBERT.

Vous vous faites rare ; on ne vous voit presque jamais.

LÉONIE.

Vous êtes trop bon de vous en apercevoir !

ROBERT.

Et toi, ma chère Laurence, cette névralgie?...

LÉONIE.

Une névralgie ?

LAURENCE, à Robert.

Toujours bien souffrante, mon ami.

ROBERT.

Soigne-toi. Tu sais combien ta santé m'est chère ! (Il va pour l'embrasser.)

LAURENCE, criant.

Oh ! prenez garde !

ROBERT, de mauvaise humeur.

C'est étonnant comme cette névralgie persiste!... Tu n'as pas vu mes journaux?

LAURENCE, les cachant derrière elle.

Non !

ROBERT.

C'est étrange ; voilà déjà deux ou trois jours que cela m'arrive !... Madame!... (A lui-même.) Oh ! cette névralgie !... Il faut absolument que je sache à quoi m'en tenir !

SCÈNE V.

LÉONIE, LAURENCE.

LAURENCE, après s'être assurée du départ de Robert, reprend le journal.
« M. Robert Maubray, 8, rue de Londres, et mademoiselle de
Croix, même maison.» Ça y est... Ah!... «M. Maxime Duvernet,
17, rue Louis-le-Grand, et madame de Vanvres. »

LÉONIE, lui prenant le journal.
Comment! j'y suis! nous y sommes!... Ah! M. Duvernet ne
s'est pas déclaré battu! Il y tient; il veut m'épouser malgré
moi!

LAURENCE.
Il t'aime, c'est son excuse.

LÉONIE.
Eh bien, il en sera quitte pour ses frais; car je reçois ce
matin une lettre du Havre qui m'apprend que *le Panama*
part dans trois jours.

LAURENCE.
Tu t'en vas?

LÉONIE.
Veux-tu donc que j'épouse ce monsieur?

LAURENCE.
Je veux... je veux que tu restes!

LÉONIE.
Tu ne comprends donc pas que si je reste, j'arrive tout
bonnement au onzième jour, et je...

LAURENCE.
Tu ne comprends donc pas que si tu pars, je suis perdue?

LÉONIE.
Perdue!

LAURENCE.
Oui, perdue!... Robert s'est étonné d'abord, puis inquiété
de la nouvelle position qui lui était faite. Il a bien fallu in-
venter quelque chose... J'ai supposé...

LÉONIE.
Ah! oui, la névralgie!

LAURENCE.
Mais, maintenant...

LÉONIE.
Il te croit moins?

LAURENCE.
Il ne me croit plus du tout.

LÉONIE.
Le drame se complique.

LAURENCE.
Et le siége continue!... et je perds du terrain à tous mo-
ments!... et il faut que la place tienne encore trois jours, com-

prends-tu, trois jours?... Je suis perdue si tu ne viens pas à mon aide !

LÉONIE.

Comment?

LAURENCE.

Il faut que tu renonces à ton départ, que tu viennes habiter cette maison, et que tu ne me quittes pas !

LÉONIE.

Oh! oh ! oh !

LAURENCE.

Tu hésites?

LÉONIE.

Mais, je crois bien !... Et puis, si cette comédie traîne quelque peu en longueur, c'est ma liberté elle-même qui se trouve compromise , sans parler de l'abominable rancune que M. Maubray va me vouer.

LAURENCE.

Tu refuses ?

LÉONIE.

Mais, dame ! songe donc... Eh bien, non ! il ne sera pas dit dans les âges futurs que madame de Vanvres aura refusé des renforts à sa meilleure amie ! J'entre chez toi avec armes et bagages; nous ravitaillons la place, et tout est sauvé, même l'honneur!

LAURENCE.

Ah! que tu es bonne! (Elle l'embrasse.)

LÉONIE.

Voilà un baiser que je n'aurai pas volé.

SCÈNE VI.

LAURENCE, LÉONIE, MAXIME.

BAPTISTE, annonçant.

M. Duvernet !

MAXIME.

Madame !...

LAURENCE.

Pardonnez-moi, monsieur Maxime, si je vous quitte si précipitamment !

MAXIME.

Madame !...

LÉONIE.

Nous avons quelques dispositions à prendre...

MAXIME.

Elle aussi?

LES DEUX FEMMES.

Et nous vous présentons nos très-humbles excuses. (Elles sortent.)

SCÈNE VII.

MAXIME, puis ROQUEFEUILLE et ROBERT

MAXIME.

Voilà une femme qui me fera damner avant le mariage!

ROQUEFEUILLE, entrant.

Il y a des gens bien pressés !

ROBERT, entrant.

Ah! Maxime! Parbleu! j'allais envoyer chez toi!... Sommes-nous seuls?

ROQUEFEUILLE.

Oui.

ROBERT.

Eh bien, je suis charmé de vous avoir tous les deux! J'ai à vous consulter !

MAXIME.

Comme médecin ?

ROQUEFEUILLE.

Comme notaire?

MAXIME.

Ou comme amis?

ROBERT.

Comme amis avant tout! Comme notaire, peut-être! mais surtout comme médecin !

ROQUEFEUILLE.

C'est la consultation de Panurge?

ROBERT.

Et sur la même question, le mariage !

ROQUEFEUILLE.

Seulement, Panurge était plus fin, il consultait avant.

MAXIME.

On t'écoute, parle!

ROBERT.

Aux amis, d'abord. Figurez-vous qu'il règne dans cette maison, depuis huit jours, un mystère que j'ai vainement essayé de percer. Ma femme n'est plus la même ; elle me fuit, elle m'évite. Rien ne marche comme d'habitude : ce sont des allées et venues continuelles de gens que je ne connais pas. Hier, un monsieur fort mal habillé est venu m'offrir les services de son administration, et, après une longue conversation où il n'a été question que de mairie, de voiture de cérémonie, etc., j'ai cru comprendre qu'il s'agissait d'enterrement.

MAXIME.

Tiens!

ROQUEFEUILLE.

Et tu n'as pas profité de l'occasion ?

ROBERT.

Ce n'est pas tout !... Ma femme s'enferme des heures en-
tières pour lire, et sais-tu quel roman j'ai trouvé sur son
bureau ? Le Code civil... ouvert au titre du mariage... Des
droits respectifs des époux !

ROQUEFEUILLE.

Ah ! c'est curieux !... Y avait-il une corne ?

ROBERT.

Mauvais plaisant !... Enfin, il n'y a pas jusqu'à mes journaux, sur lesquels je ne puis mettre la main depuis huit jours.

ROQUEFEUILLE.

Étrange ! étrange !

MAXIME.

Et la conclusion ?

ROBERT.

La vôtre ?

ROQUEFFUILLE.

Tu n'as pas d'autres indices ?

ROBERT.

Si ! il y en a d'autres, mais...

MAXIME.

Mais...

ROBERT.

C'est délicat à dire !

MAXIME.

On peut tout dire à son notaire.

ROQUEFEUILLE.

Et à son médecin.

ROBERT.

Eh bien, soit ! Tu vois bien cette porte ?

MAXIME.

Je la vois.

ROBERT.

C'est la porte de la chambre de ma femme.

MAXIME.

Eh bien ?

ROBERT.

Eh bien, fais-moi le plaisir de l'ouvrir.

MAXIME.

Hein ! Pourquoi faire ?

ROBERT.

Fais toujours !

ROQUEFEUILLE.

Ouvre-lui la porte, pour l'amour de Dieu !

MAXIME, allant à la porte de droite.

Soit !... Fermée !

ROBERT.

Eh bien , oui, fermée ! mais fermée comme on ne ferme
pas une porte, à un mari surtout ! Or, voilà huit jours qu'il
en est ainsi.

ROQUEFEUILLE ET MAXIME, riant.

Ah bah !

ROBERT.

Je vous avouerai, mes chers amis, que votre rire m'a-
gace !

ROQUEFEUILLE.

Quoi ! elle ne s'est pas même ouverte à cette heure dis-
crète où Psyché éteignait sa lampe ?

ROBERT.

Non !

ROQUEFEUILLE.

Eh bien, que veux-tu que nous y fassions, mon pauvre
ami ? Nous ne pouvons pourtant pas...

ROBERT.

Parbleu ! je le sais bien ! Mais je veux un conseil, un bon
conseil !

MAXIME.

Quel conseil ?

ROBERT.

Celui du notaire d'abord !

ROQUEFEUILLE.

Marche !

ROBERT.

Ma femme a-t-elle le droit de me refuser ...

ROQUEFEUILLE.

L'obéissance ? Non ! Article 213.

ROBERT.

Ai-je le droit d'exiger...

ROQUEFEUILLE.

L'obéissance ? Oui !... Même article 213.

ROBERT.

Bon ! Me voilà tranquille sur le fait de la légalité !

ROQUEFEUILLE.

Tu citeras ta femme en justice pour la...

ROBERT.

Non, non, non ! Seulement, je connais mon droit. C'est
énorme !

ROQUEFEUILLE.

Va toujours ! Tu t'amuses infiniment !

ROBERT, à Maxime.

Tu comprends bien que je ne me suis pas facilement rési-
gné à ce rôle de...

MAXIME.

De Tantale ?

ROBERT.

De Tantale, soit! Et que j'ai demandé à ma femme la cause de ce divorce anticipé...

MAXIME.

Et elle t'a répondu qu'elle était souffrante?

ROBERT.

Qu'elle était souffrante... des nerfs!

ROQUEFEUILLE ET MAXIME.

Des nerfs.

ROBERT.

Des nerfs!

MAXIME.

Eh bien, la raison en vaut une autre!

ROBERT.

La raison est pitoyable, mon cher. Jamais Laurence n'a eu les apparences d'une plus magnifique santé. Elle est fraîche comme à quinze ans, et jolie comme les amours!

ROQUEFEUILLE.

Tu la vois à travers les lunettes d'un célibataire!

MAXIME.

Voyons, soyons sérieux! Te connais-tu quelques torts? Ta femme est-elle fâchée contre toi?

ROBERT.

Mais non! Et la preuve, c'est que, pendant le jour, elle est charmante, presque coquette avec moi; mais à mesure que le soleil descend sur l'horizon...

MAXIME.

Les belles de jour se ferment au coucher du soleil! Et cela a commencé?...

ROBERT.

Le jour même de mon billet de garde, vous vous rappelez... cette curieuse découverte sur ma nationalité.

MAXIME, riant.

Parbleu! voilà la raison! N'en cherche pas d'autres! Elle veut rompre toutes relations avec toi... depuis que tu es Anglais!

ROQUEFEUILLE.

Oh! oh! oh! Au moment du traité de commerce? C'est invraisemblable!

ROBERT, impatienté.

Mon Dieu! vous plaisantez, là!...

MAXIME.

Sérieusement, je m'y perds!

ROBERT.

Je n'ai donc plus qu'une ressource, c'est de m'adresser à toi, mon ami. Je veux qu'adroitement, et sans que Laurence s'en doute, tu puisses me dire si ma femme est malade, oui ou non.

MAXIME.

Comment ! sans qu'elle s'en doute ? Mais, malheureux, as-tu songé que notre seul thermomètre, à nous, médecins, c'est le pouls et la langue ?

ROQUEFEUILLE.

Et si elle ne s'y prête pas ?

MAXIME.

S'il ne faut pas qu'elle s'en doute ?...

ROBERT.

Ta, ta, ta, arrange-toi à ta guise; trouve quelque moyen adroit, détourné, pour arriver à ton but.

MAXIME.

Mais...

ROQUEFEUILLE.

Chut ! la porte s'ouvre !

MAXIME.

Il est grand jour !

ROBERT.

Voici ma femme; je te laisse avec elle. Viens, Roque-feuille.

MAXIME.

Non, parbleu! Mieux vaut que tu sois là !

ROQUEFEUILLE, à part.

Et moi aussi !

SCÈNE VIII.

Les mêmes, LAURENCE.

LAURENCE.

Vous ne m'en voulez pas, monsieur Maxime, de vous avoir laissé seul un instant ?

MAXIME.

Robert m'a tenu compagnie.

ROQUEFEUILLE, à part.

Attention ! Roquefeuille... prévenons-la ! (Bas à Laurence.) Méf...

LAURENCE.

Plaît-il ?

ROQUEFEUILLE, toussant.

Moi?... Ah ! mes amis, je crois que je me grippe.

MAXIME.

Mais ce que je ne vous pardonnerais pas, madame, c'est de nous avoir enlevé madame de Vanvres, si je n'étais assuré que c'est pour empêcher son départ.

LAURENCE.

Précisément !

ROQUEFEUILLE, même jeu.

Méfiez-vous!

LAURENCE.

Vous dites ?...

ROQUEFEUILLE, faisant semblant de croire qu'elle a interrompu Robert.

Tu dis ?

ROBERT.

Moi, je n'ai pas soufflé mot.

ROQUEFEUILLE, à Laurence.

Il n'a pas soufflé mot !

LAURENCE.

Ah ! je croyais. (A part.) Qu'est-ce qu'ils ont donc ?

ROBERT, bas à Maxime.

Va donc !

LAURENCE.

Et de quoi parliez-vous quand j'ai interrompu votre conversation ? Y a-t-il de l'indiscrétion à vous le demander ?

MAXIME, à part.

Comment arriver ?

ROQUEFEUILLE, à part.

Voyons donc comment il va se tirer de là ?

MAXIME, haut.

Ah ! oui, madame, je racontais à ces messieurs quelques
particularités de mes voyages. Je disais que l'Europe, qui se
croit à la tête de la civilisation, a été distancée sur certaines
sciences par quelques peuplades océaniennes. La divination,
par exemple.

LAURENCE.

La divination !

ROQUEFEUILLE, à part.

Voilà le moyen détourné.

LAURENCE.

Vous croyez à cette science ?

MAXIME.

Oui, madame ; mais je fais une différence extrême entre la
science de M. Desbarolles et celle des naturels de Nouka-Hiva.

ROBERT, bas.

Au fait !

MAXIME.

Exemple, la chiromancie !

ROQUEFEUILLE.

Ah ! l'y voilà !

MAXIME, reprenant.

La chiromancie peut, tout au plus, faire connaître le passé.
Donnez-moi votre main, s'il vous plaît !

ROQUEFEUILLE, bas, à Laurence.

Ne la donnez pas !

LAURENCE.

Ma main !

ROBERT, à part.

Enfin !

ROQUEFEUILLE, bas.

Ne la donnez pas!

LAURENCE, sans comprendre.

Mais...

ROBERT.

Donne donc ta main, chère amie!

ROQUEFEUILLE, à part.

Alors, il n'y a qu'un moyen. (A Laurence.) Donnez-moi l'autre.

MAXIME, bas, à Robert.

Prends ta montre et compte une minute.

ROBERT.

Je comprends!

MAXIME.

Main de race, madame. Hum!

ROQUEFEUILLE, prenant l'autre main.

Tout à fait aristocratique! (Robert compte, et regarde Roquefeuille.)

MAXIME.

Eh bien, qu'est-ce qu'il fait donc, lui?

ROQUEFEUILLE.

Je fais la contre-épreuve.

LAURENCE.

Expliquez-moi donc?

ROQUEFEUILLE.

Nous allons vous dire la bonne aventure, belle dame!... Laissez faire!

ROBERT, bas, à Maxime.

Compte!

MAXIME.

Eh bien, madame, vous avez la main longue, les doigts effilés... vingt...

ROQUEFEUILLE.

Quarante!

MAXIME.

Et, ce que nous appelons la main psychique... quarante.

ROQUEFEUILLE.

Quatre-vingt!

MAXIME.

Qui doit servir merveilleusement les conceptions d'une in-telligence supérieure.

ROBERT, bas, à Maxime.

Ça y est!

MAXIME, de même.

Soixante pulsations!... Le pouls est excellent!

ROQUEFEUILLE.

Ça y est! Cent vingt! Une fièvre de cheval!

ROBERT.

Comment?

ROQUEFEUILLE.

Une fièvre de cheval!

ROBERT.

Tu es fou, ou ta montre ne va pas!

ROQUEFEUILLE.

Ma montre ne va pas? La montre de ma mère!

ROBERT.

Au diable! Voyons la langue!

ROQUEFEUILLE.

Voyons la langue! (a part.) Ouf! et d'une!.(a Laurence.) Oh! vous n'en êtes pas quitte, madame... il paraît que ce n'est pas fini.

LAURENCE.

Comment?

MAXIME.

Dans l'art de la divination, madame, la main n'est que la première page du livre...

LAURENCE.

Quelle est la seconde?

MAXIME.

C'est... ne riez pas d'avance... c'est la langue!

ROQUEFEUILLE, à Laurence.

Fermez la bouche!

ROBERT.

Ah! pour le coup, tu ne me persuaderas pas!

MAXIME.

Et pourquoi non? La langue n'est-elle pas l'expression véritable de nos pensées? Tous nos organes obéissent à notre volonté, la langue seule est indépendante, et, partant, ne saurait mentir, au physique, bien entendu! On dit : une langue effilée, pour une personne fine et spirituelle; une langue épaisse, pour un ignorant et un imbécile.

ROQUEFEUILLE.

Et une langue bien pendue pour un bavard.

MAXIME.

Oui!

ROQUEFEUILLE.

Oui!

MAXIME.

Et qu'y a-t-il d'étonnant à ce que des peuples observateurs aient fait de la langue le miroir de l'avenir?

ROBERT.

Je me rends! je me rends! Et, si Laurence veut bien se prêter...

LAURENCE.

Comment, monsieur, vous voulez... que... (Riant.) Ah! ce n'est pas sérieux?

ROQUEFEUILLE.

Fermez la bouche! (Elle repince les lèvres.)

ROBERT.

Je te demande pardon, rien n'est plus sérieux!

LAURENCE.

Ah ! par exemple ! (Elle rit.)

ROQUEFEUILLE, mettant son binocle sur son nez.

Allons, belle dame, allons, tirez-nous la langue !

LAURENCE, éclatant de rire.

Ah! ma foi! je ne puis pas!... Ah! ah! ah! (Elle va tomber en riant sur le canapé. Maxime et Robert se regardent, tandis que Roquefeuille leur tire la langue.)

ROBERT.

Manqué!

MAXIME, à Roquefeuille.

C'est ta faute !

ROQUEFEUILLE.

Moi?

MAXIME ET ROBERT.

Oui, tu l'as fait rire !

ROQUEFEUILLE.

C'est vous !

MAXIME ET ROBERT.

C'est toi !

ROQUEFEUILLE.

C'est vous !

SCÈNE IX.

LES MÊMES, LÉONIE.

LÉONIE.

Mon Dieu! qu'est-ce donc?

LAURENCE, riant.

Ah! l'idée la plus bouffonne!

MAXIME, vite.

Ce n'est rien... (A part.) Il ne manque plus que de me ridiculiser à ses yeux ?

LÉONIE.

Ma chambre est prête; si tu veux donner l'ordre à tes domestiques de porter mes bagages?

MAXIME.

Des domestiques? Ah' madame!... il n'en faut pas d'autre que moi!

ROQUEFEUILLE.

Et moi? (A part.) Rompons les chiens!

LÉONIE.

Ah! vous êtes bien galants, tous deux! Eh bien, suivez-moi!

MAXIME.

Au bout du monde!

ROQUEFEUILLE, bas, à Laurence.

Ouf! et de deux! Mais, défiez-vous de ce gaillard-là, il a des idées... légères... (Il se sauve.)

SCÈNE X.

ROBERT, LAURENCE.

ROBERT.

Ma femme se dit malade, et se porte à merveille! Nous allons bien voir... Vous me fuyez, Laurence?

LAURENCE.

Moi?

ROBERT.

Restez, je vous prie... on croirait que je vous fais peur.

LAURENCE.

Oh!

ROBERT.

Et j'avoue que je serais moi-même tenté de le croire un peu, à voir le soin avec lequel vous m'évitez.

LAURENCE.

Je vous évite?

ROBERT.

Vous ne direz pas, je suppose, que c'est le hasard seul qui met un tiers dans tous nos tête-à-tête, et élève sans cesse une barrière entre nous deux?

LAURENCE.

Mais si, vraiment... Je n'ai pas remarqué...

ROBERT.

Vous ne sauriez croire, ma chère Laurence, le plaisir que vous me faites en me parlant ainsi ; car, d'honneur, j'en étais presque arrivé à douter de votre affection !

LAURENCE.

Oh! quelle idée, Robert!

ROBERT.

Ah! dame, chère amie, vous le savez, le cœur peut se lasser, à la fin, d'aimer seul, de battre seul, et sans qu'un autre cœur lui réponde, et, alors... Venez donc vous asseoir auprès de moi?

LAURENCE, effrayée.

Merci! merci!

ROBERT.

Encore! Vous vous éloignez quand je vous appelle?

LAURENCE.

Je ne m'éloigne pas! (Elle recule.)

ROBERT.

Venez donc, je vous en prie!

LAURENCE, s'asseyant.

Il le faut bien !

ROBERT.

Ah ! Et maintenant, ma chère Laurence, que nous sommes

l'un près de l'autre, non plus comme de vieux époux, mais comme de jeunes amants, me direz-vous quel est le sujet de vos préoccupations?

LAURENCE.

Je vous assure...

ROBERT.

Depuis huit grands jours, ne vivons-nous pas comme des étrangers ?

LAURENCE, voulant se lever.

Robert!

ROBERT.

La! voyez, à l'instant même où, pour la première fois, je vous trouve seule, vous voulez déjà me quitter. Vous ne ne m'aimez pas.

LAURENCE.

Je ne vous aime pas ! (A part.) Quel supplice !

ROBERT.

Est-ce une jeune fille? est-ce ma femme qui me parle ?

LAURENCE, à part.

Oh ! mon Dieu !

ROBERT.

Je vous comprendrais si vous étiez mademoiselle de Croix au lieu d'être madame Maubray, et si mon amour...

LAURENGE.

Mais, je vous assure qu'il n'en est rien, je...

ROBERT.

Si vous m'aimiez, vos yeux se baisseraient-ils devant les miens?... Si vous m'aimiez, me trouveriez-vous ridicule et ennuyeux? Si vous m'aimiez, repousseriez-vous le bras qui enlace votre taille ? (Il lui prend la taille.)

LAURENCE, au comble de l'agitation.

Robert! Robert!

ROBERT.

Je vous aime, moi! (Il veut la prendre dans ses bras, elle se débat.)

SCÈNE XI.

LES MÊMES, LÉONIE.

LÉONIE, tenant un carton à chapeau.

Ce n'est que moi, chers amis, ne vous dérangez pas !

ROBERT.

La peste soit des importuns !

LÉONIE, bas à Laurence.

Il paraît que j'arrive à temps !

ROBERT.

Comment se fait-il, ma chère Laurence, que vos domestiques n'aient pas annoncé madame de Vanvres?

LÉONIE.

Comment, m'annoncer? On ne m'annonce plus maintenant
que je suis de la maison.

ROBERT.

De la maison?

LÉONIE.

Mais, vous voyez bien, j'emménage!

ROBERT.

Comment! cette chambre dont vous parliez?

LÉONIE.

Mais c'est ici!

ROBERT.

Ici !

LÉONIE.

Votre femme ne vous l'a pas dit? C'est qu'elle voulait vous
faire une surprise agréable.

ROBERT, à part.

C'est un garde du corps qu'elle se donne!

LÉONIE, bas à Laurence.

Il est furieux !

LAURENCE.

M'en voudrais-tu, mon ami, de ce que j'ai fait?

ROBERT.

Nullement! J'en suis enchanté, enchanté !

LÉONIE.

J'ai dit à ces messieurs de monter mes effets dans ma
chambre.

ROBERT.

La chambre d'amis, à l'autre bout de l'appartement?

LÉONIE.

Y pensez-vous? A une lieue de tout pays habité. Je mour-
rais de peur la première nuit. Non, non! la chambre qui
touche à celle de votre femme. (Fausse sortie.)

ROBERT, furieux.

Dites tout de suite sa chambre, et n'en parlons plus! (A Laurence.) Enfin, je vous disais, ma chère Laurence...

LÉONIE.

Par ici, monsieur Maxime, par ici!

SCÈNE XII.

Les mêmes, MAXIME.

MAXIME, avec ironie.

Me voilà, madame !

ROBERT, se promenant avec agitation.

A l'autre !... Ah ! l'on veut me pousser à bout!

MAXIME.

Qu'est-ce qu'il a donc ?

LÉONIE.

Il a ses vapeurs. Eh bien, et mes cartons à chapeau, et mes robes, et M. Roquefeuille ?

SCÈNE XIII.

LES MÊMES, ROQUEFEUILLE.

ROQUEFEUILLE, avec des cartons.

Voilà, voilà, voilà !

ROBERT.

Encore ! Il ne manquait plus que lui ! (Même jeu.)

LÉONIE.

Par ici, messieurs !

ROQUEFEUILLE, se débarrassant.

Ouf ! Et on veut que je me marie ?

ROBERT, à part.

Allons ! c'est fini !... je ne suis plus chez moi !... C'est une gare ! c'est un débarcadère !... Oh ! j'aurais du plaisir à casser quelque chose ! (Il sonne)

LAURENCE, bas à Léonie.

Comment cela finira-t-il ?

BAPTISTE.

Monsieur a sonné ?

ROBERT.

Mon *Constitutionnel !*

BAPTISTE.

Mais, monsieur...

ROBERT.

Je vous demande mon journal ! Est-ce clair ?

BAPTISTE.

C'est que...

ROBERT.

On ne répond pas c'est que... a un homme qui demande *le Constitutionnel...* Si mon journal n'arrive pas demain, vous serez congédié.

LAURENCE.

On l'aura égaré, mon ami. (A Baptiste.) Allez, et taisez-vous ! (Il sort.)

ROQUEFEUILLE, à Robert.

Depuis huit jours, les journaux sont d'une platitude...

ROBERT.

Quelle patience il faut avoir !

MAXIME, riant.

Et tout cela, parce que tu n'as pas lu ton journal. Tu peux te vanter d'être un fier original !

ROBERT.

Est-ce que cela te regarde? Oui, je suis furieux, parce que les journaux ne disparaissent pas ainsi sans laisser de traces! Voilà huit jours que je n'en ai pas vu un seul!

MAXIME.

Si c'est là ce qui te chagrine, vois l'heureux hasard! je puis venir à ton aide.

ROQUEFEUILLE.

Hein!

MAXIME.

J'ai précisément le journal *les Débats* de ce matin dans ma poche!

LAURENCE, à part.

Ah!

LÉONIE, à part.

Le maladroit!

ROQUEFEUILLE.

Il avait bien besoin, celui-là!...

ROBERT.

Ce n'est pas qu'au fond je tienne beaucoup...

MAXIME.

Si, si! Il y a précisément une ligne qui me concerne, et, à titre d'ami, tu dois y prendre intérêt.

ROQUEFEUILLE, bas à Maxime.

Mais tais-toi donc!

LÉONIE, de même.

Mais taisez-vous donc!

MAXIME.

Hein? Est-ce qu'il y a du mal à dire, madame, que votre nom figure auprès du mien dans les publications des *Débats?*

LÉONIE.

A coup sûr, monsieur, vous me compromettez...

LAURENCE, bas à Roquefeuille.

Il va voir aussi les nôtres!

ROQUEFEUILLE.

Sac à papier! Comment parer le coup?

ROBERT.

Ah! ah! vous en êtes déjà là?... Mes compliments...

ROQUEFEUILLE.

De condoleance!

LÉONIE, passant entre Maxime et Robert.

Ne lisez pas! Je n'ai jamais autorisé M. Duvernet... Ne lisez pas!

ROBERT.

Si fait! si fait!

LAURENCE.

Comment faire?

LÉONIE, bas à Roquefeuille.

Alerte! (Robert lit le journal.)

ROQUEFEUILLE, à part.

Du sang-froid! de l'audace! (A Léonie.) Qu'est-ce que vous cherchez, madame? un morceau de carton ou de papier pour dévider cette laine?

LÉONIE.

Oui, précisément.

ROQUEFEUILLE, à demi-voix.

Le journal?

LÉONIE.

Compris!

ROBERT.

Où sont donc ces publications, je ne trouve pas?

MAXIME.

A la quatrième page!... Ignorant!

ROBERT.

C'est juste!

LÉONIE, prenant le journal.

Pardon! mon cher Maubray, voilà ce qu'il nous faut!

LAURENCE.

Oh!

ROQUEFEUILLE, à part.

Bien exécuté!

ROBERT, étonné, se contenant.

Mais, madame, vous n'avez que faire d'un journal tout entier pour dévider un écheveau de laine!

LÉONIE.

C'est parfaitement juste!... Vous voyez que quand j'ai tort je me rends! (Elle déchire le journal en deux et lui donne la première partie.) Tenez, lisez votre premier-Paris!

ROQUEFEUILLE, à part.

Bravo! Et on veut que je me marie?... Ah! non!

MAXIME, redescendant à Léonie et lui reprenant la moitié du journal.

Mais non, mais non, madame! Le paragraphe que je veux faire lire à Robert est dans la seconde partie du journal.

LÉONIE, bas.

Mon Dieu, que vous êtes insupportable!

MAXIME.

Vous dites?...

LÉONIE.

Je ne dis rien!

MAXIME.

J'ai mal entendu.

ROQUEFEUILLE.

Animal!

MAXIME.

Hein?... (Il tient la moitié du journal, la déchire en deux, et rend à Léonie une partie.) Il y a encore là de quoi dévider dix écheveaux! (A Robert.) Et si tu veux jeter les yeux... (Il lui donne le quart du journal.)

ROBERT, à part, regardant Léonie.

Voilà une petite dame qui me fera tout bonnement commettre un crime. (Prenant le journal à Maxime.) Donne!

LAURENCE, à Roquefeuille.

Perdus !

ROQUEFEUILLE, bas.

Pas encore ! (Il renverse l'encrier sur la table.) Ah !

LAURENCE.

Ah !

MAXIME.

Qu'y a-t-il ?

ROBERT.

Il paraît que ce n'est pas fini.

ROQUEFEUILLE.

Ah ! mon Dieu! c'est madame qui vient de renverser l'encrier, et de faire une tache énorme sur la table. C'est la mer
Noire. Comment réparer ? Vite, madame, un chiffon !

LES FEMMES.

Ah ! mon Dieu ! ça coule !... Vite donc !

ROQUEFEUILLE, enlève lestement la feuille que Robert tient, et la donne à
Léonie.

Voilà, madame. Essuyez ! essuyez !

LÉONIE.

Essuyons ! (Elle frotte avec le papier.)

LAURENCE.

Il était temps !

MAXIME.

Mais, madame, pour l'amour de Dieu !...

LÉONIE.

Mêlez-vous de ce qui vous regarde, mon cher monsieur.

MAXIME.

Mais.

ROBERT, à Léonie.

Ah çà ! madame, vous moquez-vous de moi, par hasard ?

LÉONIE.

Y pensez-vous? Je vous assure qu'il n'y paraîtra rien ; mais
je suis désolée...

ROQUEFEUILLE.

Ça ne paraîtra pas du tout.

ROBERT.

Eh ! il s'agit bien de cette table!

LÉONIE.

De quoi s'agit-il donc ? Ce n'est pas de ce chiffon de papier,
je suppose ?

ROBERT.

Si fait, madame.

LÉONIE.

C'est vrai ? c'est celui que vous lisiez ? Que vous êtes étourdi
Roquefeuille.

ROQUEFEUILLE.

C'est donc moi... Mais le mal peut se reparer. Pouvais-je
me douter qu'on attachât quelque importance à un méchant
bout de journal? Où est-il passé, maintenant?

MAXIME, le ramassant.

Le voici, mais dans un piteux etat !

ROQUEFEUILLE.

Il est légèrement maculé; mais avec un peu de bonne volonté !...

MAXIME.

Impossible d'en déchiffrer une ligne...

LAURENCE, bas à Léonie.

Je suis sauvée.

ROBERT, à Léonie, éclatant.

Madame !

LÉONIE.

Mon Dieu ! qu'y a-t-il?

ROBERT, hors de lui.

Il y a, madame, que je ne suis pas dupe de tout ceci ! Ce
journal n'est qu'un prétexte pour les persécutions continuelles dont je suis l'objet!... Je ne sais quel mauvais vent a
soufflé sur mon ménage, mais depuis huit jours, c'est-à-dire
depuis votre arrivée, tout va ici de mal en pis. Ma femme oublie qu'elle est ma femme; mes amis oublient qu'ils sont mes
amis ! Je n'ose affirmer que tout ceci soit votre ouvrage...

LÉONIE.

Mais vous le croyez?

ROBERT.

Mais je le crois.

LÉONIE.

C'est franc, du moins.

MAXIME.

Robert !

LAURENCE.

Mon ami !

ROBERT.

Laissez-moi ! car vous êtes tous d'accord ! Laissez-moi !

LAURENCE.

Que voulez-vous faire?

ROBERT.

Oh ! rien, je ne veux même pas vous imposer le sacrifice
d'une amie, et je lui cède la place. (il sort.)

MAXIME, le suivant.

Robert ! Robert ! (Robert lui a fermé la porte sur le nez. — Maxime
sort par le fond à gauche. — Musique à l'orchestre jusqu'au baissé du rideau.)

SCÈNE XIV.

ROQUEFEUILLE, LÉONIE, LAURENCE.

ROQUEFEUILLE.

Eh bien !

LÉONIE.

Eh bien !

LAURENCE.

Eh bien !

ROQUEFEUILLE.

Encore une victoire comme celle-là, aurait dit Pyrrhus, et
c'est fait de nous !

LÉONIE.

Nous avons poussé les choses un peu loin!

LAURENCE.

Ah! je le sens bien ! Mais que faire maintenant ?

LÉONIE.

Dame!...

ROQUEFEUILLE.

Il n'y a pas à hésiter. Il faut faire la paix, vite! vite !

LAURENCE.

Et comment faire la paix ?

ROQUEFEUILLE.

Ceci, c'est votre affaire! Quand une place assiégée ne peut
plus se défendre, elle arbore le pavillon parlementaire et capitule ! Capitulez !

LÉONIE.

Oui, capitule ! capitule !

LAURENCE, se dirigeant vers la porte de Robert.

Au fait, vous avez raison ! Qu'ai-je gagné jusqu'ici à cette
comédie ?... Aujourd'hui la colère, peut-être demain l'in-
différence de Robert... J'ai déjà trop compromis mon bonheur.

ROQUEFEUILLE, au fond.

Capitulez!

LÉONIE, de même.

Capitule !

LAURENCE, va droit à la porte et veut l'ouvrir.

Fermée!

ROQUEFEUILLE, à Léonie.

Fermée !

TOUS TROIS.

Ah !

ACTE TROISIÈME

SCÈNE PREMIÈRE.

LÉONIE, MAXIME.

LÉONIE.

Eh bien, quelles nouvelles ?

MAXIME.

Aucune !

LÉONIE.

Aucune !

MAXIME.

Rien. Je viens de la préfecture de police, on m'a demandé
mille renseignements. J'ai raconté tout ce que je savais : que
notre ami Robert était un peu fantasque; qu'après une scène
assez vive, il s'était retiré chez lui ; que, le soir même, sa
femme avait trouvé sa porte fermée ; que, le lendemain, ne
le voyant pas paraître, on s'était décidé à enfoncer la porte ;
que la chambre était vide, notre ami étant sorti par son es-
calier dérobé, et que depuis, on ne l'a plus revu chez lui, ni
au cercle, ni à la Bourse... et, enfin, que sa femme était dans
une mortelle inquiétude.

LÉONIE.

Je crois bien !

MAXIME.

Tout cela était écrit au vol par un monsieur barbu qui m'a
congédié avec ces mots : « C'est bien, monsieur, on le trou-
vera... » Et je suis venu en toute hâte vous rendre compte de
ma démarche, tandis que Roquefeuille courait à Chatou,
voir s'il n'est pas à sa maison de campagne.

LÉONIE.

Quel événement ! cette disparition ! cette fuite !

MAXIME.

Et maintenant, madame, que j'ai fait ce que l'amitié me
commandait, me sera-t-il permis de ne pas négliger tout à
fait l'amour, et de vous faire remarquer que nous sommes
précisément aujourd'hui à ce fameux onzième jour qui ne
devait jamais luire pour moi.

LÉONIE.

Ah ! vous prenez bien votre temps! C'est au moment où
votre ami...

MAXIME.

Oh! mon ami a l'âge de raison, madame, il sait se conduire : bouderie de ménage ! Il aura voulu donner une leçon
à sa femme; il va revenir tout à l'heure frais et vermeil
comme un écolier qui a fait l'école buissonnière; mais moi,
moi, madame, voilà onze jours que je ne mange pas! onze
nuits que je ne dors plus!...

LÉONIE.

Eh bien ! vous devez commencer à vous y faire !

MAXIME.

Et que j'attends ce fameux délai qui expire enfin, et qui
vous met dans l'absolue nécessité de tenir votre promesse.

LÉONIE.

Moi ?

MAXIME.

Oui, il n'y a plus à s'en défendre ! Les onze jours sont
révolus : j'ai tout prévu, tout préparé, pour ne vous laisser
aucune défaite. Les bans sont publiés, M. le maire déploie
son écharpe, l'église allume ses cierges, l'orgue prélude, et
le suisse fait résonner sa hallebarde !

LÉONIE.

Ah bien, il attendra, le suisse !

MAXIME.

Ah ! madame, ce n'est pas possible !

LÉONIE.

Mais conçoit-on cet entêtement?

MAXIME.

Ah ! oui, on le conçoit quand on vous regarde !... Et si
vous voulez m'écouter!...

LÉONIE.

Mais, est-ce que je puis vous écouter dans la disposition
d'esprit où je suis ? Je n'ai pas seulement la tête à moi !

MAXIME.

Roquefeuille vous dira que c'est une excellente disposition
pour se marier !

LÉONIE.

Et *le Panama* qui m'attend et qui chauffe!

MAXIME, à part

Et moi, donc !

LÉONIE.

Tenez! ne me parlez de rien tant que Robert ne sera pas
retrouvé.

MAXIME.

Et après ?

LÉONIE.

Ah ! après?

SCÈNE II.

Les mêmes, ROQUEFEUILLE.

ROQUEFEUILLE, entrant précipitamment.

Eh bien, l'avez-vous ?... l'a-t-il ?... l'a-t-on ?...

LÉONIE.

Rien. Et vous ?

ROQUEFEUILLE.

Rien... Et vous ?

MAXIME.

Mais, à Chatou ?

ROQUEFEUILLE.

J'en viens ! Rien ! rien ! rien !

LÉONIE.

C'est effrayant !

ROQUEFEUILLE.

C'est sinistre !

MAXIME, riant.

Mais êtes-vous enfants avec vos inquiétudes ! Pourquoi ne l'avez-vous pas mis dans *les Petites-Affiches,* à l'article des objets perdus.

ROQUEFEUILLE.

Les femmes courraient après, et ne voudraient plus le rendre.

LÉONIE.

Voulez-vous bien ne pas plaisanter !

ROQUEFEUILLE.

Et madame Maubray?

LÉONIE.

Ah ! vous jugez! Elle en tombera malade !

ROQUEFEUILLE.

On n'a qu'un mari et il s'envole !...

LÉONIE.

Et au milieu de tout cela, M. Duvernet a le cœur de me parler mariage.

ROQUEFEUILLE.

Dame! Cela lui donne l'espoir de vous égarer aussi un jour!

MAXIME.

Mais je ne vois pas...

LÉONIE.

Plus un mot. Je ne consentirai à vous pardonner, que si vous me ramenez votre ami.

MAXIME.

Vous dites ?

ROQUEFEUILLE.

Va, marche... Et si tu le rapportes... récompense honnête!

MAXIME.

Voilà un espoir qui me donne des ailes!... J'ai une idée.

ROQUEFEUILLE.

Saisis-la!

MAXIME, regardant l'heure.

Dix heures! Le mariage est pour deux heures! j'ai le temps
(Il se sauve.)

LÉONIE.

Oui, oui, vous avez le temps!

ROQUEFEUILLE, s'asseyant.

De se marier! Ah! oui, il a le temps... Ah! en voilà un
qui connaîtra la corde avant de se pendre.

LÉONIE.

C'est elle! Laurence!

SCÈNE III.

LÉONIE, ROQUEFEUILLE, LAURENCE.

LAURENCE.

Eh bien?

LÉONIE.

Eh bien! ma pauvre Laurence, rien de nouveau.

LAURENCE.

Mon Dieu!

ROQUEFEUILLE.

C'est à n'y rien comprendre!

LAURENCE.

Ah! je le comprends trop bien, moi!... Ce que nous vou-
lions lui cacher, il le sait... et maintenant qu'il est libre, il
est parti pour ne plus revenir!

LÉONIE.

Mais non! Quelle idée!

LAURENCE.

Ah! ne me dis pas que non, j'en suis sûre! Autrement,
est-ce qu'il ne serait pas déjà de retour, lui qui se faisait un
scrupule de rentrer plus tard que l'heure dite, pour m'épar-
gner la plus petite inquiétude?... Car il était si bon!... il était
si tendre, si doux, parfois!... Ah! c'est fini, maintenant, c'est
bien fini, va!... Je l'ai perdu, et pour toujours!...

LÉONIE.

Mais veux-tu ne pas pleurer comme cela!

LAURENCE.

Voilà ce que c'est que d'avoir voulu ruser avec lui, au lieu
de lui tout dire!... Ah! si j'avais tout dit!... il m'aimait tant!

et quelques instants encore avant son départ... Ah ! si j'avais
su !... C'était si facile !

ROQUEFEUILLE.

Voyons, voyons, chère dame, ne nous désolons pas, et
cherchons le remède ! Vous êtes bien sûre qu'il n'a pas laissé
le plus petit mot d'avis ?

LAURENCE.

Pas un ! J'ai fouillé partout !

LÉONIE.

Et, depuis ce temps, pas une lettre, pas un mot pour expliquer sa conduite ?

LAURENCE.

Rien !

ROQUEFEUILLE.

C'est incompréhensible !... Et dire que cela nous arrive au
moment de le marier sérieusement, de lui river la chaîne !
Il a soupçonné l'embûche, le scélérat !... Un plan si joli, si
bien conduit !... J'avais tout prévu... tout est prêt... le maire
est prévenu ; il nous attend pour deux heures ; après deux
heures, il serait trop tard : il a une assemblée d'actionnaires
qu'il préside, et comme il ne donne jamais de dividende, il doit
au moins être exact ! Et le premier mariage dont je me sois
occupé va manquer par l'absence inexplicable du futur !...
et quel futur ?... Un futur sérieux, éprouvé, garanti ! un futur passé ! un futur antérieur ! Non ! ce n'est pas possible ! il
va arriver ! il arrivera ! il arrive ! le voilà ! (Entrée de Thérèse.)

SCÈNE IV.

Les mêmes, THÉRÈSE.

ROQUEFEUILLE.

Non, ce n'est pas lui !

THÉRÈSE, un coffret à la main.

Pour madame !

ROQUEFEUILLE.

Il ne peut pas tenir là-dedans !

LAURENCE.

De quelle part ?

THÉRÈSE.

Je l'ignore ! C'est un commissionnaire qui m'a dit : « Pour
madame Moubray ! »

LÉONIE.

Qu'est-ce que cela peut bien être? (Thérèse sort.)

ROQUEFEUILLE.

Voulez-vous permettre?... Ah ! un écrin !

LÉONIE.

Lè magnifique écrin !

LAURENCE.

Qu'est-ce que cela signifie?

ROQUEFEUILLE.

Un écrin ?... Ah! c'est toujours assez clair !

LÉONIE.

Ouvre donc!

LÉONIE, LAURENCE ET ROQUEFEUILLE.

Des diamants !

LÉONIE.

Quelle splendide rivière !

ROQUEFEUILLE.

Rivière? C'est parbleu bien un fleuve !

LAURENCE, à Léonie.

Y comprends-tu quelque chose ?

LÉONIE.

Absolument rien !

ROQUEFEUILLE.

Ah ! je devine !... C'est un cadeau de l'ami Maxime à sa fiancée !

LAURENCE.

C'est possible !

LÉONIE.

De quel droit M. Duvernet se permettrait-il de m'envoyer des diamants?

ROQUEFEUILLE.

Ma foi! du droit qu'ont les diamants de se présenter partout; d'ailleurs, au point où vous en êtes...

LÉONIE.

Au point où nous en sommes, M. Duvernet serait un impertinent !... Non ! cet écrin n'est pas pour moi, mais pour Laurence !

LAURENCE.

Point ; il y a erreur... C'est pour toi!

ROQUEFEUILLE.

Ah ! c'est bien la première fois que je vois deux femmes se renvoyer une parure!

SCÈNE V.

LES MÊMES, BAPTISTE.

BAPTISTE, entrant précipitamment.

Madame ! madame ! le voilà !

LAURENCE.

Mon mari?

RAPTISTE.

Monsieur! c'est monsieur! Il descend de voilure !

LAURENCE.

Lui! c'est lui!... Ah ! que cela fait du bien !

ROQUEFEUILLE.

Nous le tenons ! Ne le laissez pas échapper!... Je cours à la mairie!... Par où sort-on pour ne pas le rencontrer ?

LAURENCE.

Par celte porte !

ROQUEFEUILLE.

Il y passera, le misérable ! (Il sort vivemeut.)

BAPTISTE, annonçant.

Monsieur ! (Il sort avec Thérèse.)

SCÈNE VI.

LÉONIE, LAURENCE, ROBERT.

(Robert entre lentement par le fond, en costume auglais de voyage, gros paletot fourré, couverture, casquette, etc.)

LAURENCE, courant à lui pour l'embrasser.

Ah! mon ami, que je suis heureuse de vous voir!

ROBERT, très-froid et avec un léger accent auglais.

Très-heureux aussi !

LÉONIE, à part.

Ce ton !

LAURENCE.

Ah! si vous saviez combien j'étais inquiète de votre absence !

ROBERT.

Il n'y avait pas de quoi, madame.

LAURENCE.

Madame!... Voilà trois jours que vous êtes loin de moi, et, au lieu de m'embrasser...

ROBERT.

Que ne le disiez-vous tout de suite! Avec plaisir! (Il l'embrasse froidement sur le front et va s'asseoir.)

LAURENCE.

Mais d'où venez-vous, mon Dieu?

ROBERT.

Je viens de Londres !

LAURENCE.

De Londres?

LÉONIE.

Il s'est gelé en traversant le detroit!

ROBERT.

Ah! madame de Vanvres, pardonnez-moi, je ne vous avais
pas vue! (Il salue cérémonieusement.)

LÉONIE.

Monsieur!

LAURENCE.

Que faire à Londres, mon ami?

ROBERT.

Mais, d'abord, faire une visite de politesse à mes conci-
toyens; car, vous savez, madame, que je suis Anglais, et puis
y corriger, par la fréquentation d'un peuple calme et froid,
cette pétulance de caractère dont je vous ai donné ici même
un si fâcheux exemple!

LAURENCE.

Eh bien, là, vraiment, je vous aimais mieux à la française!

ROBERT.

Non, madame.

LAURENCE.

Comment, non?

ROBERT.

Vous m'avez suffisamment fait comprendre que mon édu-
cation n'était pas complète, et qu'il me manquait ce vernis...

LAURENCE, voulant parler.

Mon Dieu!...

ROBERT.

Ce vernis anglais!

LÉONIE, impatientée.

Ah çà, est-ce que vous allez toujours parler comme ça,
maintenant?

ROBERT, froidement.

Toujours!

LAURENCE.

Et vous serez toujours habillé comme cela?

ROBERT.

Toujours!

LÉONIE.

Et toujours aussi vif?

LAURENCE.

Aussi aimable?

ROBERT.

Toujours!... (Il remonte à la cheminée et va s'asseoir devant, dans un
fauteuil, tenant ses jambes en l'air.)

LES DEUX FEMMES, effrayées.

Oh!

LÉONIE.

Ma chère Laurence, mes sincères compliments! Je te vois
déjà te promenant le long de Piccadilly ou sur les gazons
d'Hyde-Park avec une capote rose ornée d'un voile vert,
une robe groseille, et une écharpe jonquille, au bras de mi-

lord en waterproof et en mac-farlane. C'est splendide! Et, si je n'étais Française, je voudrais être Anglaise!

SCÈNE VII.

Les mêmes, BAPTISTE.

BAPTISTE.

Madame!

LAURENCE.

Qu'est-ce encore?

BAPTISTE.

Un bouquet que l'on vient d'apporter pour madame.

LÉONIE.

Qui *on?*

BAPTISTE.

Madame me demande...

LAURENCE.

De quelle part?

BAPTISTE.

Je l'ignore. Voici le bouquet! (Il donne à Laurence le bouquet enveloppé dans du papier.)

LAURENCE.

Je ne dois pas accepter.

LÉONIE.

Un bouquet s'accepte toujours. (Baptiste sort.)

LAURENCE.

Mais, mon mari?

LÉONIE, montrant Robert qui a l'air de dormir.

Est-ce qu'il pense à toi?

LAURENCE.

Léonie!

LÉONIE, lui montrant Robert qui s'est assoupi.

Tiens, regarde!

LAURENCE. Elle a retiré le bouquet de son enveloppe et pousse un cri.

Ah!

LÉONIE.

Un bouquet de fleurs d'oranger!

LAURENCE.

Des fleurs d'oranger!.

LÉONIE.

En tous cas, qui est-ce qui a pu...

SCÈNE VIII.

Les mêmes, MAXIME.

MAXIME.

Arrivé! Il est arrivé?

LAURENCE.

Oui, d'Angleterre.

MAXIME.

Ce n'est pas possible! J'arrive du bureau des passe-ports, on ne lui en a pas délivré.

ROBERT, sans bouger de place.

Yès! on ne donne plus de passe-ports pour l'Angleterre.

MAXIME, lui serrant la main.

Essoufflez-vous donc! Tu vas très-bien?... Oui... Allons, tant mieux!

LAURENCE, le faisant retourner vers elle.

Pardon! Est-ce vous, monsieur Duvernet, qui nous avez envoyé ces bijoux?

MAXIME.

Quels bijoux?

LÉONIE.

Est-ce vous, monsieur Duvernet, qui nous avez envoyé ce bouquet?

MAXIME.

Quels bijoux? Quel bouquet?

LAURENCE, lui montrant le coffret.

Ceux-ci!

LÉONIE, lui montrant le bouquet.

Celui-ci!

MAXIME.

Ces diamants! ces fleurs!

LÉONIE.

Vous n'avez peut-être pas remarqué quelles sont ces fleurs?

MAXIME.

Des boutons de fleurs d'oranger! (Riant.) Ah! ah!

LAURENCE.

Vous riez?

MAXIME.

Je ne sais qui peut vous avoir envoyé ce bouquet, mais je vous jure que ce n'est pas moi.

LÉONIE.

Qui cela peut-il être, alors?

SCÈNE IX.

LES MÊMES, ROQUEFEUILLE.

ROQUEFEUILLE, entrant précipitamment et s'annonçant.

C'est moi!

LÉONIE.

Comment, c'est vous?

ROQUEFEUILLE.

Eh! parbleu! oui, c'est moi!... Robert est-il prêt?

LAURENCE.

Ah! vous êtes l'auteur d'une pareille mystification?

ROQUEFEUILLE.

Quelle mystification?

LÉONIE.

J'aurais dû m'en douter!

ROQUEFEUILLE, ahuri.

Mais quoi? (Léonie lui montre le bouquet.)

LÉONIE.

Vous avez l'impertinence de m'adresser un bouquet de fleurs d'oranger à moi, madame de Vanvres?

ROQUEFEUILLE.

Des fleurs d'oranger! à vous, encore! Merci! Quelle plaisanterie! J'aurais compris une caisse d'oranges.

LÉONIE.

Ainsi, ce n'est pas vous?

MAXIME.

Je vous jure...

LAURENCE, à Roquefeuille.

Ni vous?...

ROQUEFEUILLE.

Mais, sac à papier! dépêchons-nous donc! Où est Robert?

LAURENCE ET LÉONIE.

Chut!

ROQUEFEUILLE.

Dieu me pardonne! je crois qu'il dort!

LÉONIE.

Il en a tout à fait l'air!

ROQUEFEUILLE.

Il a bien choisi son temps! Je viens de la mairie, nous n'avons pas une minute à perdre. Réveillez-le, réveillez-le! Il ne peut paraître dans ce costume devant les autorités!

LAURENCE.

Mais, comment?

ROQUEFEUILLE, exaspéré.

Eh! c'est votre affaire, sac à papier! Depuis ce matin, je ne fais que monter et descendre des escaliers, et courir de l'église à la mairie, et de la mairie à l'église! C'est le maire qui me renvoie à son vicaire, et l'adjoint qui me renvoie à son bedeau Et les voitures et les cochers, et la marmaille!... Monsieur le marié!... monsieur le marié!... Oui! oui! je t'en moque!... le marié!... Tâche de m'y prendre!... va!...

MAXIME.

Mais alors, mais alors!... Madame consent!... Vous consentez donc?...

LÉONIE.

Hein?

MAXIME.

Mais ce mariage!... cette église, cette mairie ! C'est pour nous !

LÉONIE.

Pour nous !

MAXIME.

Dame !

ROQUEFEUILLE.

Tiens! c'est vrai, il ne sait rien, lui!... Laissons-lui son erreur!... le malheureux !

MAXIME, à Léonie.

Ah! madame!... si vous consentez... un mot.. un seul mot !...

ROQUEFEUILLE, faisant passer Léonie.

Allez vous habiller!

MAXIME, avec joie.

En mariée?...

LÉONIE.

Point, monsieur, en demoiselle de noces!

ROQUEFEUILLE, lui donnant le bouquet.

Alors, gardez le bouquet pour que l'illusion soit complète! (Léonie hausse les épaules.)

LÉONIE.

Ah! vous êtes un impertinent. (Elle sort.)

MAXIME.

Mais, je n'y comprends rien ! Mais si ce n'est pas moi, qui marie-t-on ici?

ROQUEFEUILLE.

Cela ne te regarde pas! (A Laurence.) Dépêchez-vous, je vais faire patienter M. le maire !... (Montrant Robert.) Habillez-le !... (A Maxime.) Allons, marche !

LAURENCE.

Mais, mon ami...

ROQUEFEUILLE.

L'habit noir, c'est de rigueur! Un mariage, grand deuil ! (Il entraîne Maxime.)

SCÈNE X.

LAURENCE, ROBERT.

LAURENCE.

Une heure! Je n'ai plus qu'une heure, et Robert qui dort! Comment lui faire quitter ce costume pour endosser l'habit noir? (Elle s'approche et l'appelle doucement.) Robert, mon ami, Robert ! (Il ronfle légèrement.) Oh! (Appelant de nouveau.) Robert !

ROBERT, se réveillant et se levant.

Ah ! je crois, parbleu ! que je dormais ! Quel grossier personnage je fais !

LAURENCE.

Il n'y a pas grand mal, mon ami, surtout si vous êtes fatigué !

ROBERT.

C'est mon excuse, si je puis en invoquer une !

LAURENCE.

Avez-vous besoin de quelque chose ?

ROBERT.

J'aurais besoin de mon lit. (Il s'assied sur le canapé.)

LAURENCE, à part.

De son lit ! (Haut) Ne croyez-vous pas que cela vous ferait du bien de quitter ces vêtements si lourds ?

ROBERT.

Je le croirais assez volontiers; mais, vous l'avouerai-je, je me sens si à l'aise dans cette excellente causeuse, que le moindre mouvement m'effraye.

LAURENCE.

Qu'à cela ne tienne ! Ne suis-je pas là ?

ROBERT.

Je ne veux pas abuser.

LAURENCE

Au contraire, c'est un plaisir pour moi. Entre jeunes époux, ces petits soins ne sont-ils pas une preuve de tendresse qu'on aime à se donner ?

ROBERT, incrédule.

Oh ! oh !

LAURENCE.

Vous en doutez ? Votre femme n'est-elle plus votre ménagère ?

ROBERT.

C'est très-joli, ce que vous dites là, ma chère Laurence, et je vous fais mon sincère compliment, si vous voyez encore la vie éclairée des reflets de la lune de miel ! Mais...

LAURENCE.

Mais ?...

ROBERT.

Vous êtes en retard; les années se sont écoulées, et ce qui paraissait jadis un jeu charmant et plein de poésie, risquerait fort aujourd'hui de devenir un non sens ridicule.

LAURENCE.

Est-ce vous que j'entends ?

ROBERT.

Je vous étonne.

LAURENCE.

Mais oui, je l'avoue... Et ce que vous me disiez, il y a trois jours à peine... (Elle s'assied sur la causeuse près de Robert.)

ROBERT, se levant aussitôt.

Pardon!

LAURENCE.

Ah!... vous me quittez?...

ROBERT.

Non... mais si on nous surprenait, on nous prendrait peut-être pour des amoureux!

LAURENCE.

Eh bien, mon ami?

ROBERT.

Eh bien, ce serait un peu ridicule!

LAURENCE.

Ridicule! que vous aimiez votre femme et que votre femme vous aime?

ROBERT.

Ai-je dit cela? En ce cas, je me serai fait bien mal comprendre.

LAURENCE, ranimée.

Ah!

ROBERT.

Je vous aime, ma chère Laurence, je vous aime raisonnablement et sérieusement, comme on doit aimer sa femme, après trois ans de mariage.

LAURENCE.

C'est-à-dire que l'amour ne résiste pas à trois ans de mariage, n'est-ce pas?

ROBERT.

Cela dépend du régime auquel on l'a soumis, ma chère!... Il ressemble assez à l'eau que vous placez sur le feu. Plus le feu est ardent, plus vite l'eau se perd en vapeur! Ainsi l'amour...

LAURENCE.

En sommes-nous là?

ROBERT.

Pas encore!

LAURENCE.

Pas encore est plein de promesses!

ROBERT.

Mais c'est le sort qui attend l'homme assez fou pour croire la jeunesse éternelle; ne luttons donc pas, et obéissons aux lois de la nature.

LAURENCE.

C'est charmant! C'est-à-dire que...

ROBERT.

C'est-à-dire qu'à l'automne de la vie, il ne faut demander ni la poésie du printemps, ni les ardeurs de l'été.

LAURENCE, troublée.

Ah! Robert, que me dites-vous là?...

ROBERT.

Ce que vous m'avez fait comprendre, si vous ne me l'avez
dit, il y a trois jours. J'ai réfléchi, et j'ai vu combien vous
étiez sage !

LAURENCE.

Mais non !

ROBERT, riant.

Mais si !

LAURENCE.

Êtes-vous sûr d'avoir bien compris?

ROBERT.

Parfaitement ! Décidément, vous aviez raison ! Ces vêtements sont d'un poids... Aussi vais-je suivre votre avis, et en
changer !... (Il entre à gauche.)

SCÈNE XI.

LAURENCE, puis ROQUEFEUILLE.

LAURENCE, seule.

Il ne m'aime plus ! Je n'en puis plus douter maintenant !
On ne raisonne pas ainsi quand on aime ! Il ne m'aime
plus !...

ROQUEFEUILLE, entrant.

Êtes-vous prête?

LAURENCE.

Pas encore !

ROQUEFEUILLE.

Ne plaisantons pas; les voitures me suivent. Je suis en
nage !

LAURENCE.

Robert est passé dans sa chambre; il va trouver son habit
préparé sur son lit, entre ses gants et sa cravate blanche. J'ai
caché les autres vêtements.

ROQUEFEUILLE.

Bien, bien! encore une demi-heure! Vous savez... le maire...
ses actionnaires... Pas de dividende! il faut qu'il soit exact!
Je vais le faire patienter, il me fera patienter, nous nous fe-
rons patienter. Mais, sac à papier! si on m'y reprend à marier quelqu'un!

LAURENCE.

Nous marier!... Ah! mon ami! si Robert n'allait plus vou-
loir se marier, maintenant qu'il ne m'aime plus!

ROQUEFEUILLE.

Comment?

LAURENCE.

Une fois à la mairie, s'il allait dire : « Non! »

ROQUEFEUILLE.

Non tout sec, comme ça?

LAURENCE.

Je n'y avais jamais pensé. Mais c'est une peur horrible qui me vient tout à coup !

ROQUEFEUILLE, effrayé.

Mais non !... mais non ! Quelle idée ! En voilà une idée, par exemple !

LAURENCE.

Chut ! il vient !

ROQUEFEUILLE.

Vous voyez bien, il a ses gants noirs, son habit blanc... c'est-à-dire non... Enfin, peu importe, il est habillé, nous sommes sauvés !

SCÈNE XII.

LES PRÉCÉDENTS, ROBERT, en robe de chambre et en pantoufles.

ROBERT, entrant.

La !

ROQUEFEUILLE ET LAURENCE.

Ah !

ROBERT.

Le fait est qu'on est ainsi plus à l'aise !

LAURENCE, stupéfaite.

En robe de chambre ?

ROBERT.

En robe de chambre, oui !

ROQUEFEUILLE.

Et en pantoufles ?

ROBERT.

Et en pantoufles. Tiens, te voilà ? Bonjour ! J'ai même eu assez de peine à les trouver.

LAURENCE.

Mais, mon ami, il est impossible que vous restiez ainsi !

ROQUEFEUILLE.

C'est impraticable !

ROBERT.

Impraticable, pourquoi ?

LAURENCE.

Mais, s'il vient une visite ?...

ROQUEFEUILLE.

Oui... plusieurs visites, une foule de visites ?

ROBERT.

Je ferai fermer la porte.

LAURENGE.

Vous allez étouffer !

ROQUEFEUILLE.

Il va étouffer! Il fait une chaleur...

ROBERT.

Je ferai ouvrir la fenêtre!

LAURENCE.

C'est impossible!

ROQUEFEUILLE.

Impossible! Il fait un froid...

ROBERT, sèchement.

Impossible! Je ne vous comprends pas, ma chère Laurence : vous m'engagez à quitter mes vêtements de voyage pour me reposer, je vous écoute; je me coule dans ma robe de chambre, je me glisse dans mes pantoufles, et vous n'êtes pas satisfaite? En vérité, que voulez-vous donc? Que je mette une cravate blanche et un habit noir?

ROQUEFEUILLE.

Mais, justement... Voilà... ce qu'on voudrait!

ROBERT.

Vous ne me persuaderez jamais que ce soit une tenue de maître de maison. Alors, mettez une robe décolletée et allumez les lustres!

LAURENCE, à part.

Que faire, mon Dieu!

ROQUEFEUILLE, à Laurence.

Et le maire qui croque le marmot! Il faut avouer...

LAURENCE.

Jamais! Ce serait tout risquer.

ROBERT.

Mais qu'avez-vous donc?

LAURENCE.

Moi, je...

ROQUEFEUILLE.

Oh! une idée! — Parbleu, oui!

ROBERT.

Eh bien?

ROQUEFEUILLE.

Eh bien, oui, mon ami, j'ai perdu!

ROBERT.

Perdu? Perdu quoi?

ROQUEFEUILLE.

Une gageure que j'avais faite avec ces dames, et que tu m'as fait perdre!

ROBERT.

Explique-toi!

ROQUEFEUILLE.

Tu as à moitié deviné. Je voulais te faire quitter tes vêtements de voyage, non pas pour la robe de chambre, mais pour l'habit noir de cérémonie. J'avais parié avec ces dames arriver à ce résultat sans te prévenir. J'ai perdu!

ROBERT.

Voyez-vous ! Et quelle était la raison de cette mascarade?

ROQUEFEUILLE.

On te la dira quand tu seras déguisé.

ROBERT.

Non, avant, ou je ne me déguise pas !

ROQUEFEUILLE.

Quel entêté ! Avant, soit ! Tu es le témoin de ton ami Maxime, qui se marie dans une demi-heure à la mairie du 9ᵉ arrondissement.

LAURENCE, bas.

Par exemple !

ROQUEFEUILLE, bas.

Chut !... Il n'y a que ça !

ROBERT.

Il se marie ?

ROQUEFEUILLE.

Il se marie. Ah! je le crois bien, le gaillard! Tout le monde se marie, il se marie !

LAURENCE, même jeu.

Mais...

ROQUEFEUILLE, même jeu.

Chut !... Il n'y a que ça !

ROBERT.

Madame de Vanvres s'est décidée avec?...

ROQUEFEUILLE.

Non, sans enthousiasme !

ROBERT.

Et c'est dans une demi-heure?

ROQUEFEUILLE.

Dans une demi-heure !

LAURENCE, bas.

Mon Dieu! vous...

ROQUEFEUILLE, bas.

Je vous dis qu'il n'y a que ça !

ROBERT.

Que ne le disiez-vous plus tôt, ma chère ?

LAURENCE.

Moi ! vous dire que...

ROQUEFEUILLE.

Et le pari ?

ROBERT.

Le pari, c'est juste !... Allons ! tant mieux! voilà notre ami Maxime le plus heureux des hommes!

ROQUEFEUILLE.

Après toi !

ROBERT.

Après moi?

ROQUEFEUILLE.

Allons, vite! cet habit, cette cravate !...

ROBERT.

Noire, n'est-ce pas ?

ROQUEFEUILLE.

Blanche ! malheureux !

ROBERT.

Tu crois qu'une cravate longue...

ROQUEFEUILLE.

Blanche ! blanche ! blanche ! Un témoin, c'est presque un mari !

ROBERT.

Sois tranquille ! Dans cinq minutes, vous aurez un témoin irréprochable ! (Il sort à gauche.)

SCÈNE XIII.

LAURENCE, ROQUEFEUILLE.

ROQUEFEUILLE.

C'est fait ! (Il tombe sur une chaise.)

LAURENCE.

Mais, y pensez-vous? Lui dire que Léonie va se marier?

ROQUEFEUILLE.

Je n'avais que ce moyen-là.

LAURENCE.

Mais elle ne veut pas !

ROQUEFEUILLE.

Il faut qu'elle le veuille !

LAURENCE.

Mais pensez donc...

ROQUEFEUILLE.

Je ne pense pas, je ne pense pas ! Depuis ce matin, je ne sais plus ce que je fais... et vous le voyez bien, puisque je viens de marier quelqu'un... moi !

LAURENCE.

Mais...

ROQUEFEUILLE.

Ne dites pas mais... Vous m'avez rendu fou avec votre mariage. Et puisque c'est comme ça, eh bien, oui! je traînerai madame de Vanvres à l'autel, j'y traînerai Robert et je m'y traînerai moi-même, où nous dirons tous pourquoi !...

LAURENCE.

Il n'y a pas un instant à perdre! Il faut prévenir Léonie, au moins !

ROQUEFEUILLE.

Prévenez-la, ne la prévenez pas, ça m'est égal !... Je cours à l'église faire patienter le suisse !

LAURENCE.

Un instant!

ROQUEFEUILLE, sans l'écouter.

Je redoute le suisse! (Léonie entre.) Ah ! madame de Vanvres!
victoire ! Il s'habille en marié ! Voilà pourtant le plus beau
jour de la vie ! Sac à papier ! comment donc est le plus laid ?
(Il se sauve.)

SCÈNE XIV.

LAURENCE, LÉONIE, puis ROBERT.

LÉONIE.

Il s'habille en marié?

LAURENCE.

Pas positivement!

LÉONIE.

Que veux-tu dire?

LAURENCE.

Mais c'est le même costume.

LÉONIE.

Le même costume ?

LAURENCE.

Ma chère Léonie! ma seule, mon unique amie! mon sort
est entre tes mains !

LÉONIE.

Parle!

LAURENCE.

Apprends donc... (Robert entre en grand costume.)

ROBERT, saluant.

Madame !...

LAURENCE, à part.

Pour cette fois, c'est fini !

ROBERT, à Léonie.

Vous voyez que je ne vous ai pas gardé rancune de vos torts
envers moi ?

LÉONIE.

Je le vois... à quoi?

ROBERT.

Vous n'avez donc pas remarqué cette tenue digne et solennelle?

LÉONIE.

En quoi, je vous prie, cette tenue digne et solennelle est-
elle une preuve que vous avez oublié mes torts?

LAURENCE, bas, à Léonie.

Tais-toi!

LÉONIE, *étonnée.*

Hein?

ROBERT.

Comment! vous raillez encore à ce moment suprême?

LÉONIE.

Quel moment suprême?

ROBERT.

Mais il n'y a donc rien de sacré pour vous?

LÉONIE.

Qu'est-ce qui n'est pas sacré?

ROBERT.

Ah! par exemple, c'est trop fort! Si c'est ainsi que vous ré-
compensez votre témoin...

LÉONIE.

Quel témoin?

LAURENCE, *bas.*

Silence! malheureuse! Je n'ai pas eu le temps de te
dire que tu te mariais dans dix minutes.

LÉONIE, *abasourdie.*

Moi?

SCÈNE XV.

LES MÊMES, MAXIME.

MAXIME.

Ah! Robert en habit noir!

ROBERT.

Oui, mon cher, et à cause de toi!

MAXIME.

A cause de moi?

ROBERT.

Allons-nous recommencer?... Ils sont fous, ma parole
d'honneur!...

LÉONIE, *bas, à Laurence.*

Ceci passe la permission, et c'est abuser étrangement...

LAURENCE, *bas.*

Entends-moi!

ROBERT.

Je suis le témoin de madame de Vanvres, que tu épouses
dans sept minutes.

MAXIME.

Tu dis?

ROBERT.

Le bonheur lui a mis la cervelle à l'envers!

MAXIME, *à Léonie.*

Ah!... vous consentez, madame! La joie, le saisissement...

LÉONIE.

Permettez, permettez!...

LAURENCE.

Léonie!...

MAXIME.

Madame!...

ROBERT.

Comment, encore des hésitations? Quand vous serez parfaitement décidés, vous me ferez prévenir! (il rentre à gauche.)

SCÈNE XVI.

LAURENCE, LÉONIE, MAXIME.

LÉONIE, à Laurence.

Mais sais-tu que tu me mets dans une affreuse position!

LAURENCE.

C'était le seul moyen de lui faire endosser l'habit noir!

MAXIME, étonné.

Mon mariage dépend de l'habit noir de Robert!

LÉONIE.

Me voici bel et bien compromise!

MAXIME.

Un mot, madame, et je vous rends l'honneur!

LÉONIE.

Laissez-moi tranquille! Il s'agit bien de vous!

LAURENCE.

Il le faut! En te voyant consentir à ton mariage, il sera
forcé de consentir au sien.

MAXIME.

Qui *il?*

LÉONIE.

Cela ne vous regarde pas. Écoute, Laurence, je consens à
une transaction, je vous accompagne à la mairie, mais ne
m'en demande pas davantage!

LAURENCE.

Ce n'est pas assez!

MAXIME, sans savoir ce qu'il dit.

Ce n'est pas assez!

LAURENCE.

Si tu dis non, il dira non aussi.

MAXIME, abasourdi.

Il dira non aussi!

SCÈNE XVII.

LES MÊMES, ROQUEFEUILLE.

ROQUEFEUILLE.

Partons ! partons ! Le maire s'impatiente et le suisse ne
veut rien entendre.

LÉONIE.

Il faut absolument que j'épouse M. Duvernet :

ROQUEFEUILLE.

Deux mariages ! Très-bien ! Plus on est de fous plus on rit.
En route !

MAXIME.

Ah çà ! mais quel est donc le second mariage ? Est-ce le
tien ?

ROQUEFEUILLE.

Pas de mauvaise plaisanterie !

MAXIME.

Cependant !...

ROQUEFEUILLE.

Cela ne te regarde point. Partons ! partons !

LAURENCE.

Ma chère Léonie !...

MAXIME.

Madame !...

LÉONIE.

Eh bien ?

LAURENCE.

Eh bien ?

ROQUEFEUILLE.

Allons donc ! qu'est-ce que cela vous fait ?

LÉONIE, tendant la main à Maxime.

Ce n'est pas pour vous, au moins, monsieur !

ROQUEFEUILLE.

Et d'un !... A l'autre !

LAURENCE.

Appelez Robert.

ROQUEFEUILLE.

Robert ! Robert !

LÉONIE.

Aurait-il encore pris la fuite ?

ROQUEFEUILLE.

Je n'ai pas le temps de l'attendre, je cours à la mairie ;
vous n'avez plus que quelques minutes ! En route ! (Il sort.)

LÉONIE, à Maxime.

Allons, mon cher monsieur, le bonheur vous a-t-il para-
lysé ? Trouvez-nous cet introuvable Robert !

MAXIME, sortant.

Robert ! Robert !

SCÈNE XVIII.

LAURENCE, LÉONIE, puis BAPTISTE et THÉRÈSE.

LAURENCE, embrassant Léonie.

Ah! c'est à toi que je devrai le bonheur!

LÉONIE.

Puissé-je en dire autant?

LAURENCE.

Il t'aime! il te rendra heureuse!

LÉONIE.

Dieu le veuille!

LAURENCE.

Mais Robert! où est Robert? (Elle sonne. — Baptiste et Thérèse entrent.) Où est monsieur?

LÉONIE.

Avez-vous vu monsieur?

THÉRÈSE.

Mais, madame...

LAURENCE.

Au dernier moment! Courez! cherchez!

SCÈNE XIX.

LES MÊMES, MAXIME.

LÉONIE.

Eh bien?

MAXIME.

Personne!

LÉONIE.

Personne!

LAURENCE.

C'est une fatalité!

LÉONIE.

Et deux heures vont sonner!

MAXIME.

Robert!

LAURENCE.

Robert!

LÉONIE.

Monsieur Maubray!

BAPTISTE ET THÉRÈSE.

Monsieur! monsieur!

SCÈNE XX.

LES MÊMES, ROBERT.

ROBERT.

On m'appelle?

MAXIME.

Nous le tenons.

LAURENCE.

Enfin !

LÉONIE.

Vite, donnez-moi votre bras et partons!

ROBERT.

Le voilà! (Deux heures sonnent.)

LAURENCE.

Deux heures !

TOUS.

Deux heures!

SCÈNE XXI.

LES MÊMES, ROQUEFEUILLE.

ROQUEFEUILLE, essoufflé.

Trop tard! (Il tombe épuisé.)

LAURENCE.

Tout est fini! (Elle tombe sur le canapé.)

ROQUEFEUILLE.

Le maire est parti en colère, il ne reviendra pas!

MAXIME.

Et dire que je touchais au port! (Il tombe sur une chaise.)

LÉONIE.

Pauvre Laurence! (Moment de silence et d'embarras.)

ROBERT, tire des gants blancs de sa poche, les met lentement; il s'approche
de Laurence.

Mademoiselle?

TOUS.

Hein?

ROBERT.

Mademoiselle Laurence de Croix veut-elle me faire l'honneur de m'accorder sa main?

LAURENCE, se levant.

Robert... tu savais donc?

ROBERT.

Tout!

LAURENCE.

Ah ! que je t'aime ! (Elle tombe dans ses bras.)

ROQUEFEUILLE.

Bravo ! Supérieurement joué !

MAXIME.

Si j'y comprends quelque chose...

LAURENCE.

Mon cher mari !

ROBERT, souriant.

Pas encore !...

LÉONIE.

Mais, comment avez-vous deviné ?...

ROQUEFEUILLE.

Oui, comment ?

ROBERT, tirant un journal de sa poche.

Ce journal que vous vouliez me cacher, et que Baptiste m'a déterré il y a trois jours, m'a mis sur la voie, et le maire, à qui Roquefeuille avait dû tout dire, m'a appris le reste !

ROQUEFEUILLE.

Et tu as voulu prendre ta revanche ?

ROBERT.

De vos mystères et de vos secrets !

MAXIME.

Quels mystères ? quels secrets ?

LAURENCE.

Ainsi, ce départ ?

ROBERT.

Comédie !

LAURENCE.

Cette froideur ?

ROBERT.

C'était là surtout qu'était la comédie ! Eh quoi ! petite tête folle, vous avez douté de moi un seul instant ? Vous avez pu croire que je ne vous aimais plus ?...

LAURENCE.

Pardon !

ROQUEFEUILLE.

Très-bien ! très-bien ! Mais, avec tout cela, M. le maire...

ROBERT.

L'assemblée des actionnaires, c'était moi ! Le maire nous attend !

ROQUEFEUILLE.

Encore ! (A Maxime.) Va toucher ton dividende ! (Il le conduit près de madame de Vanvres.)

MAXIME.

Espérons qu'un jour on me dira le mot !

ROQUEFEUILLE.

Qu'est-ce que cela fait, puisque, comme dans les comédies, cela finit par un mariage.

ROBERT.

Par deux mariages!

MAXIME, prenant la main de Léonie.

Le mien... et?...

ROBERT, prenant la main de Laurence.

Et le mien!

MAXIME.

Ah bah!

ROQUEFEUILLE.

Votre exemple me gagne... J'en ferais bien autant... si l'on pouvait se marier... sans prendre une femme!

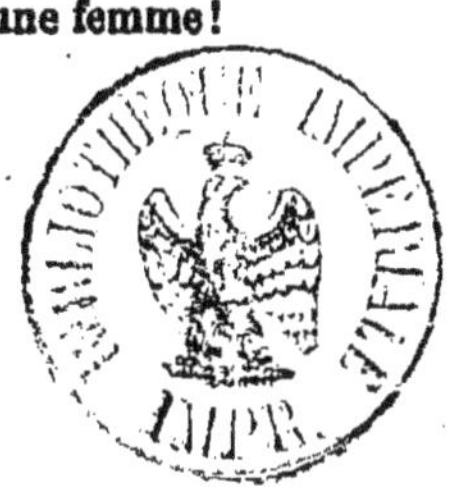

FIN.

LAGNY. — Typogr. de A. VARIGAULT et Cie.

www.ingramcontent.com/pod-product-compliance
Ingram Content Group UK Ltd.
Pitfield, Milton Keynes, MK11 3LW, UK
UKHW021200220726
13924UKWH00003B/1226